大夏书系·教师专业发展

# 幸福教育
## 与
## 理想课堂八讲

陈大伟 ◎ 著

华东师范大学出版社
全国百佳图书出版单位

# 序 ｜ 走在理想课堂建设的道路上

1982年即将中师毕业时，一位早一年走上教师工作岗位的学兄对我说："才出校门朝气蓬勃，不到三年棱角磨落。"这位学兄的话影响了我，我一直小心谨慎地提防自己的"棱角"被"磨落"，提防教育的现实使自己变得现实起来，从而没有了自己的教育理想。

做有理想的教师，需要思考什么样的课是理想的课。关于理想的课，我找过这样三条标准：学生喜欢，质量不错，负担不重。学生喜欢，意味着教学中学生有兴趣，有热情，参与程度高。质量不错是教学的价值和意义所在，仅仅有学生的喜欢，没有一定的质量，欢欢喜喜、热热闹闹一阵儿，"星星还是那颗星星"，这样的教学绝对不能称为好课。负担不重，体现了对获得质量的途径和方式有效性的追求，不仅要求课后没有过重的家庭作业和负担，而且要求在课堂上不要用过于频繁和大运动量的活动使学生身心过于疲惫，使后续学习出现困难。

听很多优秀教师说他们上过什么样的课，我自己也多次表达和传递过这样的骄傲。但有一天，我突然想到了这样一个问题：你的这一节课是这样的，你平时的课堂如何？这是从课转到课堂的契机。经过琢磨，我意识到，从课到课堂，这里面应该有从片段到常态，从对教师表现的考察到对课堂上各种要素和因素的综合考察，从注重上课的结果到注重课堂上师生的状态和过程的转变。很显然，作为一位老师，更重要的是课堂，而不是偶尔为之或精心打磨的课。从此，我的思考和实践话题转成了理想的课堂。

综合考虑课堂的因素和要素，现在，对理想课堂我有这样的愿景：它能帮助学生实现当下的幸福生活，它能表现和实现教师幸福的教学生活，它能为学生未来的幸福生活提供帮助，并且有合适的教学效率。

自己很为这样的转变骄傲，也觉得这样认识和理解很有价值，于是就想推向实践。采取了这样两种方式：一方面是在自己的课堂上实践反思；另一方面是借助讲座、和中小学讨论课堂教学的机会，以及媒体、专著，宣讲理想课堂的愿景和架构，并讨论理想课堂建设的路径、策略和方法。

贵阳市云岩区教师进修学校的朋友多次听过我的讲座，希望能在区域共同推进理想课堂的建设。2013年1月，我在云岩区理想课堂建设启动大会上做了《理想课堂，幸福人生》的讲座，然后在由进修学校的教研员、中小学的榜样教师、基地学校的牵头人组成的研修班上，用两天时间就理想课堂的四个愿景和老师们展开讨论。

2012年10月，和华东师范大学出版社签了一个关于理想课堂建设主题的写作协议，一方面要按时履行合约，另一方面也为想改善现有课堂的教师们提供一点帮助，于是把过去受教师们欢迎的交流内容与这一次在云岩区研修的内容整合了下，并进行了有利于阅读的形式调整，形成了这一本《幸福教育与理想课堂八讲》。

第一讲是在云岩区理想课堂建设启动大会上的发言，属于全景的勾画和规划；第二到第七讲围绕四个愿景进行具体讨论；第八讲讨论评价的问题。

关于教育的理想，朱永新老师的《我的教育理想》对我启发很大，新教育有"构筑理想课堂"的项目，我在关注中也学到了不少的东西，在此特向朱老师和新教育团队的朋友们表示敬意与谢意！

研究理想课堂，就不能不观察和研究名优教师的课，就不能不观察和研究常规状态下普通教师的课，他们给了我极大的帮助和启示。本书中选取的一些案例是我现场获得的（更多的案例是我自己的实践和反思），对这些朋友我也是心怀感激的！

另外，在每一次和教师们的交流中，我都希望了解实践中的困惑和问题，很多教师本着对教育的负责态度，同时也出于对我的信任，无私地分享了他们实践中的困难，这使我对本书的针对性多了一份自信。这也是要特别感谢的。

最后还要感谢和我分享成长经验的学生们，感谢激励我的华东师范大学出版社的朱永通老师，感谢信任并给予我实践机会的中小学领导和老师，以及云岩区的朋友们！

在电影《居里夫人》的片尾，居里夫人这样说："个人是渺小的，而每个个人，他有可能获取一线知识之光，即使非常微弱，也能够照亮人类追求真理的梦幻。正是这些黑暗中的小小蜡烛，使我们一点一点地看到前面那改变宇宙的宏伟蓝图的淡淡轮廓。……圣洁的好奇心将永远伴你成功，每个时代都有自己的梦想，丢弃属于昨天的梦想，让我们高举起知识的火炬，去营造明天的美好殿堂。"

追寻理想，我们在路上……

陈大伟
2013年7月10日

# 目 录

第一讲 理想课堂，幸福人生 ……………………………… 1
 对理想课堂建设的意义认识 …………………………… 3
 理想课堂的意蕴 ………………………………………… 6
 理想课堂建设的支持和保障体系 ……………………… 14
 理想课堂建设的实践策略 ……………………………… 18
 相关问题与回应 ………………………………………… 23

第二讲 让学生享受课堂、享受成长 …………………… 27
 让学生享受课堂 ………………………………………… 29
 让学生享受成长 ………………………………………… 36
 "种田靠天气，教育靠关系" …………………………… 40
 合理运用惩戒的教育方法 ……………………………… 50
 相关问题与回应 ………………………………………… 55

第三讲　致力于幸福的教师生活 …………………………………… 61
　　教师幸福的权利和义务 ………………………………………… 63
　　幸福是人对自身生存状态的愉悦体验 ………………………… 67
　　"幸福是一种能力" ……………………………………………… 71
　　穷则思变 ………………………………………………………… 80
　　创设有利于学生发展的课程 …………………………………… 84
　　相关问题与回应 ………………………………………………… 86

第四讲　教学内容的研究和处理（上）…………………………… 91
　　先要选好撒播的"种子" ………………………………………… 93
　　关于教材和教学内容 …………………………………………… 97
　　教学要帮助学生学"生" ………………………………………… 103
　　相关问题与回应 ………………………………………………… 115

第五讲　教学内容的研究和处理（下）…………………………… 125
　　有效研究教材 …………………………………………………… 127

合理选择和组织教学内容 …………………………………… 138
　　相关问题与回应 ……………………………………………… 147

第六讲　有效教学的意蕴和实践（上） ……………………… 155
　　有效教学的意蕴 ……………………………………………… 157
　　有效教学的原则和策略 ……………………………………… 165
　　有效教学中的前置性教学 …………………………………… 174
　　相关问题与回应 ……………………………………………… 178

第七讲　有效教学的意蕴和实践（下） ……………………… 183
　　有效教学中教师如何介入和进退 …………………………… 185
　　怎样提高合作交流的有效性 ………………………………… 188
　　教师不要迷信自己主讲 ……………………………………… 191
　　怎样提高学生的先学质量 …………………………………… 195
　　如何把学习积极性转化为教学的高质量 …………………… 202
　　相关问题与回应 ……………………………………………… 205

| 第八讲　观课议课与教学评价 | 209 |
|---|---|
| 　用课程的合理性和教学的有效性评价学校 | 211 |
| 　从理想课堂愿景看好课 | 215 |
| 　从教育假设看教师评价 | 218 |
| 　课堂教学评价中的真善美 | 222 |
| 　相关问题与回应 | 227 |

# 第一讲

# 理想课堂，幸福人生

**本讲要点提示：**
- 对理想课堂建设的意义认识
- 理想课堂的意蕴
- 理想课堂建设的支持和保障体系
- 理想课堂建设的实践策略
- 相关问题与回应

这几年一直在为实践和推进观课议课奔走。观课议课是什么？我们可以说它是一种文化工具。作为一种文化工具，它具有一定的普适性。因为课堂教学改革不能仅仅通过参观考察、听报告就能完成，只要你想对现有的课堂教学进行改革，你就需要深入课堂中，就需要对课堂教学的状况进行观察分析，然后进行研究讨论，再进行改进的实践。在此循环往复的过程中，你需要观课议课这样一种改变教学、促进教师发展的文化工具。

实践和推进观课议课，我们需要回应"你认为理想的课堂是什么样子"、"在观课议课中，我们应该追求什么样的课堂改革目标和方向"这样的问题。深入思考和实践，我们找到了"理想课堂，幸福人生"的课堂目标和愿景。在这一讲里，我将和大家分享我对此问题的研究成果。

课程就是学校组织成员共同创设的有利于学生成长和进步的教育环境与教育活动。我们的任务就是利用和开发课程资源，创设符合课程理想和学生需要的教育环境，并组织学生与教育环境对话、互动，从而完成经验改造，实现成长和进步。

# 对理想课堂建设的意义认识

## 一、学校的产品是课程

很早的时候，看到这样一个故事：老师让同学们用"发明"和"发现"造句，一位小朋友说"我爸爸发现了我妈妈，我爸爸和我妈妈一起发明了我"。由此受到启发，我意识到学校和教育的产品不是学生，也不是学生的分数，而是课程。教育是要服务于人的成长和发展的，教育通过什么，或者说创造什么实现服务呢？那就是课程。学校的产品是课程，学校和教师是用课程促进学生成长，帮助学生取得进步的。在图一中，我们可以把左边的曲线看成学生在没有接受学校教育（或者没有接受良好的学校教育）的背景下的学业成绩，其均值在60分左右，且学业差距很大。受到良好的学校教育以后，学生的学业成绩统计可能就成了右边的曲线，与左边的曲线比较，其变化特征一是均值增大（由60分左右变为80分左右），学生有了更好的成绩；二是学业差距变小，学生成绩整体分布趋于集中。教育的目的并不仅仅在于实现学业成绩的改变，更重要的是促进生活质量的提升。我们期望通过教育，学生的生活质量也能有这样的改变，那就是学生的生活质量水平有所提升，生活质量差距有所减小。追求这种变化（水平提高、差距缩小）是教育的目标，实现了这样的变化就实现了教育的意义和价值。

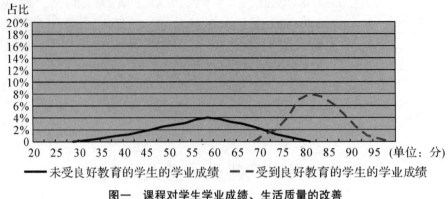

图一　课程对学生学业成绩、生活质量的改善

因为学校和教师是通过课程来促进和实现学生变化的，所以我们可以说：课程建设是教师的使命和责任，它是学校一切工作的根本；课程质量是学校工作的生命线，它是学校核心竞争力之所在。

## 二、关于课程的操作性定义

对于课程，现在很难找到一个大家都能接受的确切定义。之所以会有不同的观点和认识，我以为，一方面是因为言说课程的人各有自己的不同背景和视角，另一方面是因为大家在课程开发和建设中各自承担着不同的任务，从事着相互关联但又不全然一致的工作。比如，制定课程政策的行政部门对课程有自己的看法和建设行为，编写教材的专家又有不同的理解和建设方式，一线的教师也有自己的课程观念和实践行为。基于这样的思考，作为实践者，我们既要理解课程领导者、课程专家的课程含义，以此作为依据和参照，同时又要明确自己的课程建设和开发的含义。考虑到学校和教师的课程建设实践，我们可以给课程下这样一个操作性定义：课程就是学校组织成员共同创设的有利于学生成长和进步的教育环境与教育活动。我们的任务就是利用和开发课程资源，创设符合课程理想和学生需要的教育环境，并组织学生与教育环境对话、互动，从而完成经验改造，实现成长和进步。

### 三、抓住课堂教学改革的"牛鼻子"

把课程看成"学校组织成员共同创设的有利于学生成长和进步的教育环境与教育活动",这里的课程建设就成了一个宽泛的实践行为。比如,学校的校园物质环境建设、制度和文化建设、教师队伍建设,以及学校所设计和所开展的各种旨在促进组织成员(包括教职员工、学生、学生家长等)经验改造的各种活动,都是课程建设。在这种种对象和任务中,课堂无疑处于核心和关键位置,它既是教师和学生学校活动的主要场所,也是优质教育开始和结束的地方。也就是说,无论教育行政部门、教育专家乃至校长为课程建设付出过多少努力,课程的作用都是从课堂教学开始的;无论课程建设的前期设想多么美好,如果课堂上没有实践,这些美好的东西都会付诸东流,都会终止在教学实践的面前。因此,课程建设必须牢牢抓住课堂教学的"牛鼻子",必须深入课堂中去。这是我们研究理想课堂建设的意义和价值所在。

> 教育本来就是一种意向性、理想性的社会实践，只要对课堂教学有追求，就意味着对课堂教学有理想，就意味着这样的实践是对理想的追求。理想课堂建设就是一种构筑课堂愿景、追逐和实现课堂教学梦想的行动。

# 理想课堂的意蕴

## 一、教学需要理想

2007年，我曾经写过《建设理想课堂——新课程课堂教学的反思与改进》一书，这几年也在不同的地区和学校讨论理想课堂教学，大多数校长和教师接受建设理想课堂的说法，但也有校长说："我们当前主要的任务是要研究有效教学，你就说一说如何实施有效教学好了。"我不太赞成这样的观点。

其一，教育本来就是一种意向性、理想性的社会实践，只要对课堂教学有追求，就意味着对课堂教学有理想，就意味着这样的实践是对理想的追求。可以说，追求有效教学本身就是在建设自己的理想课堂，理想课堂建设就是一种构筑课堂愿景、追逐和实现课堂教学梦想的行动。德国诗人荷尔德林说："人，诗意地栖居在大地上。""在大地上"是我们的生存处境和现实，我们离不开自己的生活环境，不能不考虑社会和家长对教育的现实要求，这使我们不能不考虑有效教学；但人还应该有"诗意"，"诗意"使我们活得更像一个人，"诗意"意味着我们应该有自己的梦想，并追逐自己的梦想，我们需要包含实施有效教学的理想课堂建设。教育本是理想主义者的事业，教育寄托这一代对下一代的理想，教育要面向未来，教育要帮助学生适应未来的生活……作为教育人，我们应该具有面向未来的理想，过于沉溺于现在，过于被现实羁绊，自身过于沉重，学生的心灵也就难以高远。

其二，理想课堂建设需要"法乎其上，得乎其中"，一方面我们要扎根实践，另一方面我们又需要高远的立意和定位。德国哲学家伽达默尔认为："一个根本没有视域的人，就是一个不能充分登高望远的人，从而就是过高估计近在咫尺的东西的人。反之，'具有视域'，就意味着，不局限于近在眼前的东西，而能够超出这种东西向外去观看。"理性课堂的愿景提供一种视域，只有弄清了理想课堂的背景，课堂教学现实中的种种问题才能昭然若揭。因此，理想课堂不仅提供一种愿景，而且提供一种反思性和批判性的背景，它促使我们反思现有的教育，批判现有的教育，改造现有的教育。

其三，定位于"理想"的课堂，是因为课堂教学"只有更好，没有最好"。理想课堂建设有方向，有愿景，我们怀揣着理想上路。在这样的旅途中，我们会看到与过去不一样的风景，收获更多的欣喜和快乐，但我们始终"在路上"，理想课堂建设是我们共同寻梦、造梦、追梦的努力和行动。我们可以说，课堂教学的面貌正在改变，正在变得理想，但我们不会狂妄地宣称"我们现在的课堂就是理想课堂"，我们需要对课堂教学怀有深深的敬意。

## 二、理想课堂的愿景

愿景是我们愿意为之奋斗或希望达到的图景，它概括了未来目标、使命及核心价值。理想课堂的愿景为理想课堂建设指明方向和目标。参与理想课堂建设的学校和教师要理解理想课堂的愿景，在理解和批判的基础上形成自己的教学愿景。形成愿景的过程是澄清和梳理自己核心教育价值观、核心课程观念、核心教学观念以及规划未来行动的过程，也是奠定学校课程特色建设和教师个人教学风格的基础。

提出理想课堂愿景体现了我们对先进课堂教学的一种自觉和自信。我们有什么样的自觉呢？我们意识到，课堂上的人、物、时、空都是一种关系性的存在，是一种相互制约、相互影响的存在，它们各自的作用、地位和价值只能在关系中发现和实现。鉴于这种关系性的存在，建构理想课堂愿景必须综合考察课堂教学的要素，整体形成一种良好的关系。顾明远先生主编的《教育大辞典》认为："教学是以课程内容为中介的师生双方教和学的共同活动。"由此可以说，课堂教学的基本要素包括了教育者、学习者、教学内容、教学手段方法等。从整体建构一种良好关系的角度，我们试图追求这样的理想课堂图景。

1. 理想课堂致力于帮助学生实现当下的幸福生活

之所以提出这样的主张，一方面是因为作为愿意正视现实的教育工作者，我们不能不痛苦地承认，当前学生所承受的痛苦已非学生所愿意和所能够承受的，我们要讲良心，就不能对学生的痛苦生活熟视无睹，不能不拿出改变的决心和行动；另一方面是因为，学生课堂上的痛苦生活已经极大地影响了他们对生活的期盼和向往。比如，2010年1月10日人民网出现过这样一则消息：《北川中学少年杀人事件："杀个人，就可以不上学了"》。在某些学生眼里，上学比坐牢更难受。另外，学生的学习热情和学习状态将极大地影响学习的效果，快乐的课堂生活、积极而热情的学习状态更有利于学生的成长和进步，更有利于学业成绩的提升。可以说，只有美好的课堂生活，才能使学生的精神愉悦、身心和谐；只有美好的课堂生活，才能使学习效率得到保证和提升；只有美好的课堂生活，才能使学生表现出自己的好奇心和创造力；也只有美好的课堂生活，才能使学生对自己未来美好幸福的生活充满憧憬并为之努力。

理想课堂建设要改善学生在课堂教学中的交往与对话（包括与书本对话，与他人对话，与自我对话）关系；充分尊重和满足学生在课堂上的安全需要，营造温馨、平等、民主、尊重、和谐的课堂氛围，使儿童天性的自由表达免受惩罚，特殊表现不受歧视；开展学生能充分参与、彼此接纳、享受关怀的教学活动，满足学生的归属感需要；创造受鼓励的、被积极预期的教育氛围，引导学生体验成功，培养"只要自己努力，就能改变现状"的乐观心态，满足学生自我认可和接纳的成长和成就需要。通过满足学生的合理需要，让他们体味学习和生活的快乐，使课堂具有"润泽的教室"（日本著名教育家佐藤学认为："润泽"这个词表示的是湿润程度，也可以说它表示的是那种安心的、无拘无束的、轻柔滋润肌肤的感觉。"润泽的教室"给人的感觉是教室里的每个人的呼吸和其节律都是那么柔和、舒适）的特征。师生间有一种相互尊重、相互接纳、相互信任、相互帮助的融洽关系。

让学生经历美好的课堂生活，并不是不要规则和纪律，也不是不要惩戒；相反，有规则、有纪律的课堂生活有利于培养学生的规则和纪律意识，帮助他们学会对自己负责任，学会在集体中更好地生活。要研究建立尊重儿童天性，符合人道要求，促进学生发展的课堂管理规范和规则。对于学生违反学校纪律和社会规范，对学校学习生活秩序已经造成或者可能造成一定程度的破坏，对其他学生有一定的负面影响，并会影响其自身发展的课堂越轨行为，要合理运用教师的惩戒教育权，遵循合目的性、合对象性、合程序性、侵害最小化而教育效益最大化的惩戒原则。

2. 理想课堂致力于教师在教学中的幸福生活

对于课堂和教学中的幸福生活，我们有以下想象和展望：(1) 课前有期望。老师盼望进教室。(2) 课中有创造。在教学过程中，能胸有成竹、得心应手地回应教育事件和情境，能创造性地、高质量地完成教学任务。(3) 课后能审美。通过对课堂教学进行回望和审视，能获得符合期望的愉悦感和温暖体验，它包括对自身能力的实现和发展的审美，对教学劳动过程和劳动效果的审美。

把改善教师和学生的生存状态放在理想课堂建设的优先位置，体现了理想课堂建设以人为本的课堂价值观，这是建设课堂教学中的生态文明，而不是单纯强调效率优先。

3. 理想课堂在教学内容上致力于为学生幸福生活奠基

关于教学内容，我们需要回答教给学生的东西和他们的幸福生活有什么关系的问题。发现和寻找这样的关系，我们可以从"什么是学生"出发来尝试。什么是学生呢？可以说，狭义的学生是在学校里，在成人、同伴的帮助和影响下，学习生存的本领，获得生活的智慧，体验生命的意义、价值和尊严的人。学生到学校里干什么来了？不是学"考"，而是学"生"，他们要学习生存的本领，获得生活的智慧，体验生命的意义、价值和尊严。这是学生到学校里生活的意义，也是他们应该承担的责任。而帮助学生学习生存的本领，获得生活的智慧，体验生命的意义、价值和尊严，是教育的使命和责任。以语文为例，我们可以说，语文老师不是教语文的，而是教学生学"生"的。语文学科之所以存在，是因为其中蕴含着生存的本领、生活的智慧，以及能帮助学生体味生命的意义、价值和尊严的教学内容；如果不能对此有所回应和帮助，语文教学本身就失去了意义和价值。因此，在各科的教学设计和实践中，我们就要挖掘和利用这样的课程内容，教给学生一生有用的东西。

我们要从教学与学生生活关联的角度看课堂。杜威在《民主主义与教育》中说："课堂教学可以分成三种：最不好的一种是把每堂课看作一个独立的整体。这种课堂教学不要求学生负起责任去寻找这堂课和同一科目的别的课或别的科目之间有什么接触点。比较聪明的教师注意系统地引导学生利用过去的功课来理解目前的功课，并利用目前的功课加深理解已经获得的知识。……最好的一种教学，牢牢记住学校教材和现实生活二者相互联系的必要性，使学生养成一种态度，习惯于寻找这两方面的接触点和相互的关系。""牢牢记住学校教材和现实生活二者相互联系的必要性，使学生养成一种态度，习惯于寻找这两方面的接触点和相互的关系"，可以成为我们的一个教学追求方向，也可以成为理想课堂实践的一个方向。

### 4. 理想课堂是有合适教学效率的课堂

有效教学既是理想课堂的一个目标和愿景，也是保障前面三个目标得以展开和实现的基础。

有效教学首先是有效果的教学，有效果意味着教师讲的话学生愿意听，学生愿意照着教师的要求去行动。有效果的教师是具有吸引力和影响力的老师，而教师的吸引力和影响力来源于学生对老师的信任和信赖。这需要以师爱为前提，以师能和有价值的引导为基础，同时还要以师表为榜样。可以说，有效教学的功夫在课外。我们需要把课外的功夫做足，把教师素质提升、教师改变放在理想课堂建设中最突出、最重要的位置。

有效果是基础，有了效果才可以谈效益。学生听你的了，你要把他们带到哪里去？这是讨论教学效益时我们要考虑的问题。卢梭曾经说："误用光阴比虚掷光阴损失更大，教育错了的儿童比未受教育的儿童离智慧更远。"

追求有效益的教学，我有两个观点：一是教学内容和教学目标的合理性追求要优先于教学手段和方法的有效性选择；二是衡量教学的效益一定要"风物长宜放眼量"，尽管我们只是一线的学校领导和普通老师，但我们办教育、搞教学要有大视野、大境界，要看得远一些、宽一些。

学生愿意参与教学活动了，方向又是正确合理的，这时就可以讨论教学效率了。苏霍姆林斯基说过："教学和教育的技巧和艺术就在于，要使每一个儿童的力量和可能性发挥出来，使他享受到脑力劳动中的成功的乐趣。"也说过："所谓真正地拥有知识，就是对知识有深刻的理解并且把知识多次反复思考过。"为明确提高教学效率的努力方向，我想向各位提供这样一个公式：教学效率＝同学们围绕教学内容的比较紧张的智力活动和有价值的情意活动时间/教学所用时间。就大多的学科而言，教学效率是通过比较紧张的智力和情意活动来实现的。这个公式的核心思想是，教学效率并不取决于某个预定的结果，而取决于有质量的教学过程，要求通过适度紧张的智力活动引起经验改造和成长变化。教学效率来源于高品质的学习过程，而不只是达到某个预定目标，我们要以高品质的教学过程促进学生有效学习。

理想课堂愿景是一幅完整的图画，这四个方面是彼此关联，相互影响和促进的：没有学生良好的状态，就没有有效的教学，教学内容促进学生幸福生活的设想就会失去生存的土壤，教师幸福生活的教学体验也只能画饼充饥；没有教师的幸福感，就没有教师的积极性和主动性，学生的课堂生活状态就难以改善，教学内容的研究、教学手段方法的变革就没有了实践主体；没有为幸福生活奠基的教学内容，学生和教师就会因为缺乏美好的前景而失去积极性，有效教学就失去了方向和意义；没有合适效率的教学，要赢得生存的空间和竞争的优势，教师和学生就不得不投入更多的时间和精力，而当教师和学生被繁重的负担压得抬不起头的时候，学生美好的课堂生活和教师的幸福生活就会成为可望而不可即的"空想"。

## 三、理想课堂与幸福

理解理想课堂建设的架构和意蕴，我们要注意到这样一个核心的关键词，那就是"幸福"。为什么把幸福作为理想课堂的关键词汇呢？

首先，幸福需要教育。对于幸福，人们的理解也仁者见仁，智者见智。相比较而言，更容易接受的观点是，幸福是人对自身生存状态的愉悦感受。一方面，幸福要以客观的自身的生存状态为对象，可以说，幸福的对象具有客观性；另一方面，幸福取决于人对自身生存状态的认识、理解和评价，幸福的本质又是主观的。从幸福的客观性看，人的生存状态，如物质生活水平、人际关系和社会地位、人生价值的创造和实现等，受制于人实现和创造幸福生活的能力。比如，充足的物质生活资源带来满足感，良好的人际关系带来愉悦感，自身价值得到提升和实现带来自我实现感。但获得必要的物质财富、建立良好的人际关系、创造性劳动都需要能力。从这种意义上说，幸福是一种能力，这种能力应该包括认识幸福的能力、感受幸福的能力、创造幸福的能力。

我们知道，刚出生的婴孩并不具备这样的能力，人生的幸福能力需要通过学习来获得，需要通过接受教育来发展。康德说："人是惟一必须接受教育的造物。人只有受过教育，才能成为人。"教育的价值和意义就在于能提升人的幸福生活能力，促进人的幸福生活。教育如果不能提升和实现人的幸福，教育的存在本身就是没有价值和意义的。关注幸福强调要纠正当下人的幸福与教育疏离（乃至对立）的异化现象，我们也需要这样一种悲天悯人的现实关怀。

其次，教育需要幸福。（1）教育需要幸福作为终极的目标指引。亚里士多德认为幸福是最高的善，是终极的目的。恩格斯指出："每一个人的意识或感觉中都存在着这样的原则，它们是颠扑不破的原则，是整个历史发展的结果，是无须加以证明的……例如，每个人都追求幸福。"幸福是人生的意义所在，是人类活动的终极目的，教育的理想就应该是促进和实现人的幸福。（2）教育需要幸福的过程。教育的可能性和积极性基于幸福生活的愿望能在教育中得以体现和实现。如果没有幸福的成长过程支撑，学生的学习就难以为继，他们可能采取种种方式放弃：极端的方式是对未来生活的放弃；也有的选择逃离学校，选择辍学；更多的学生则只能坐在教室里人到心不到，他们或者机械地参与，或者冷漠地旁观，或者敌对地反抗。而对教师来说，如果不能体验幸福的教育生活，就会失去教学的勇气和信心，就会出现疲惫、厌倦、抱怨、创新缺失的职业倦怠，影响教育生活的质量，进而影响人生的质量。（3）幸福的教育需要幸福的教师。一方面，幸福是教师的应有权利；另一方面，只有幸福的教师才能培养憧憬幸福生活，用心体验幸福，并能创造幸福生活的一代新人。理想课堂建设需要点燃教师追求幸福教育的热情，改变他们的生活信仰、生存状态、生活方式，进而通过教师的改变去影响和改变学生的生存状态与生活追求。

  第三，理想课堂的幸福应该是有所兼顾和平衡的。在时间上，理想课堂追求的幸福是当前幸福与未来幸福的兼顾和统一；在内容上，理想课堂追求的幸福应该是促进身与心、灵与肉的和谐发展，培养全面发展的人，致力于发挥和发展学生的潜能，让他成为最好的自己；在幸福的对象上，理想课堂要兼顾个人的幸福与社会的文明进步，要兼顾学生、教师、家长的共同幸福。从兼顾和平衡的角度，站在教室里的教师，要有关照学生一生幸福的行动，有为一个民族、一个国家乃至整个地球的当下与未来思考、谋划和付诸行动的境界。

理想课堂建设需要用理想来指引，但理想课堂建设不能凌空蹈虚，我们需要建设和改变自己的"大地"，需要以有效的科研、教研为支持和保障。

# 理想课堂建设的支持和保障体系

## 一、以务实的研究保障理想课堂建设

保障理想课堂建设，需要参与者积极主动地对自己的教学进行思考和改进。促进教师参与教育科研，首先需要打破科研的神秘性，提高科研的积极性。破除科研神秘性，提高科研积极性，需要重新认识和理解教师所做的教育研究。我们可以说，教师的教育研究是运用思想和行动结合起来的力量改变教师生活、提高教师教育生活质量的过程。研究的目的在于改善教育生活、提高教育质量，改变的方法是运用思想和行动结合起来的力量，也就是运用研究的方法。人因思而变，没有思考的行动是盲目的行动，是没有质量的行动；仅有思考没有行动，研究的成果不能转化为改善生活的力量，教育也就不能由此改善，这不是教师作为实践者应该有的研究方式。在理想课堂建设中，我们致力于做改善教育生活的研究，致力于运用自身的思想和行动的力量改善生活。

保障理想课堂建设，需要更务实、更有效的实践研究。理想课堂建设需要采取文献研究、调查研究等研究方法，但更需要行动研究、案例研究和叙事研究等研究方法。

理想课堂建设的行动研究，一是要以理想课堂的愿景比照日常的课堂教学行动，从中发现实践的问题；二是要针对问题进行经验研究和文献研究，以寻找（或创造）改进实践的新方案；三是要运用新方案于实践行动；四是要对实践行动进行反思并发现新问题；五是针对新问题展开新一轮的行动研究。行动研究的过程是反思性教学的过程，是培养教师反思意识、提高反思能力的过程。

教育案例是指那些蕴含教育困惑、教育问题需要讨论，或能提供教育启示的教育故事。案例研究大致可以分为这样两个过程：一是发现和组织故事，也就是选择和组织教育案例；二是对故事中的困惑、问题、启示展开讨论，进行研究，以获得对教育的新认识和新理解。理想课堂建设的案例研究要发现这样的故事，并深入地、多角度地认识和理解这些故事，以帮助教师丰富教育案例知识、获得教育实践策略，培养教师的复杂性思维习惯。

叙事研究是研究成果梳理和表达的一种方式。理想课堂建设要梳理和表达改善学生课堂生存状态的故事，梳理和表达教师追求与实现幸福生活的故事，梳理和表达教学内容研究与处理的故事，梳理和表达有效教学的故事。叙事研究要记述行动的历程、挫折、反思和改进，在叙事中记载、在叙事中反省、在叙事中改造，用真实的案例来描述困惑，用真实的案例来说明思路，用真实的案例来勾画教育的要素和因素的彼此关联与影响，从中揭示具有借鉴意义的课堂教学改进、学校教学改革、教师专业发展的特征、价值、方法，用鲜活的教育事件、教育故事刻画理想课堂实践对教师、对学生、对学校的影响，用过程说话，用行动说话，用改变说话，把研究做实。

## 二、以观课议课促进理想课堂建设

理想课堂建设是课堂教学的一项改进和改革。课堂教学的改进和改革不是作几场报告，读几本书，开几次会，外出参观考察几所做得好的学校就能实现的，它需要一点一点地改，一步一步地朝着目标行进。可以说，课堂教学改进是不能离开教研的，没有有效的教研也就没有有效的教学改进，也就没有向理想课堂愿景的前进。观课议课是参与者相互提供教学信息，共同收集和感受课堂信息，在充分拥有信息的基础上，围绕共同关心的问题进行对话和反思，以改进课堂教学、提升教学质量、促进教师专业发展的一种研修活动。实践证明，它是有效教研的一种工具，也是建设教研新文化、建设教师新文化的有效途径和手段。

通过观课议课，我们要达成两个目的。一是要致力于建设学校和教师新文化。包括：用"让我们共同漫游，向那'产生于上帝笑声回音的，没有人拥有真理而每个人都有权利要求被理解的迷人的想象的王国'前行"（小威廉姆 E. 多尔语）的观念促进理解；用"己所不欲，勿施于人"（《论语》）促进宽容；用"己欲立而立人，己欲达而达人"（《论语》）促进成全；表达是一种实现，倾听是一种关怀，我们以此促进接纳；教育需要想象力，我们要发挥教师的教学想象力，以此促进创造；用成长创造的幸福观促进教师享受留下生命痕迹的幸福……二是要探索更有效的观课议课路径、方式和方法，以更好地改进课堂，提高教师教育能力水平。

## 三、以形成良好的家校关系改善理想课堂建设外部环境

"办人民满意的教育"是"以人为本"这一党的执政理念在教育上的体现，它是对教育为政治服务、为经济服务的定位的拨乱反正，教育要促进和实现人的发展，要为人民服务。这是教育功能的本质回归。

一方面，要"办人民满意的教育"，尊重家长的需要，倾听和呼应家长的教育诉求，理想课堂建设要向家长开放，要经得起家长的考量；另一方面，在关注家长教育诉求同时，教育又不能完全被家长的利益诉求所左右，理想课堂建设要引导家长的教育需求，使家长的教育需求更加合理。卢梭说："人们总是愿意自己幸福，但人们并不总能看清楚幸福。"同样，人们总是渴望着高质量的教育，但对什么是高质量的教育可能并不清楚。我们都是搞教育的，如果有人问我们什么是好的教育，我们也需要梳理一番，而且很难有一个满意的答复。我们自己都这样，更遑论家长了。因此，对于家长的教育需要，我们不仅需要理解，而且需要引导。可以说，如何与家长沟通，奠定一个良好的支持环境，是我们推进理想课堂建设必须努力做好的一件事情。

这里有一个例子，2012年第23期的《人民教育》对江苏省锡山高级中学的教育改革进行了报道。基于对"真正的幸福建立在美德之上"的认同，

学校认为:"学校应该培养精神高贵的人。我们的教育应该让孩子拥有正义、仁慈的精神底色,崇尚美德,修身养性,有责任,有教养,以高贵的精神赢得社会地位。"要进行这样的改革,就需要改变家长只看分数的过分的功利需求,就需要和家长沟通。锡山高级中学唐江澎校长选择了短信沟通的方式:"我在从事经营你未来幸福的神圣事业,我把你对未来的祝福都储存在你孩子身上。让他们拥有善良的品性,你未来的日子里就多了一份温暖;让他们有诚信的品质,你未来的日子里就少了一份欺诈;让他们富有责任感,你未来的日子里就多了一份担当;让他们有正义感,你未来的天空就多了一番晴朗。所以,关注未来就关注孩子的美德吧。"

另外,理想课堂建设同时需要家长参与,要引导家长加入理想课堂之中,使他们更好地理解和支持理想课堂建设,要挖掘和利用家长、社区的课程资源,要组织家长承担部分和他们生活紧密关联的课程,丰富课程内容,借助家长力量提高课程质量和课堂教学质量。

### 四、研究、改善教学管理和教学评价

一方面,理想课堂建设不仅要接受上级的考核和社会的评价,而且要经得起这样的考核和评价;另一方面,推进理想课堂建设的学校和教研部门又要"怀揣着理想上路",在自己可能的空间和时间里对教学评价有所研究、有所变革、有所作为。理想课堂建设中的教学评价要定位于"学校的产品是课程"的观念,研究对学校课程合理性和有效性的评价;要依据理想课堂建设的整体架构,研究理想课堂教学的评价框架和实施办法;在课堂教学中,每一个教师要给予学生真诚的、积极归因的鼓励性评价,并在评价中更多地关注学生的变化,关注他们为成长和变化付出的努力,关注他们取得成功的态度和方法,以发挥评价改进教学、促进教学的功能。

推进理想课堂建设不是写文章、作报告，而是一项踏踏实实的实践行动。写文章、作报告或许可以观点尖锐、态度鲜明，但在关涉孩子、关涉千家万户家庭未来利益的教育改革中，我们不能简单地提口号，走极端，教育实践需要"极高明而道中庸"。

# 理想课堂建设的实践策略

在愿景和路径确定以后，我们需要选择实践的策略和方法。理想课堂建设主要采取以下四条行动策略。

## 一、典型引路的策略

推进区域的课堂教学进行改革可以采取一些行政推动的措施，但真正的课堂教学改革是需要教师内心认同的，只有教师理解并愿意追随的改革才能取得真正的成功。佐藤学认为，只有学校的每一个教师都向其他教师开放教室，学校改革才可能真正成功。促进教师理解和认同课堂教学改革，一方面需要通过研修活动和学校文化建设引领教师的教育价值观，培养教师的责任心和使命感；另一方面需要用成功的榜样使老师们发现改革的成功可能和意义，通过成功教学的榜样行为为他们提供"摸着石头过河"的"石头"。

实施典型引路的策略，一是要建立理想课堂建设基地学校，并在基地学校建立榜样教师队伍，形成基地学校榜样教师影响其他教师，基地学校影响其他学校的由点到面的推进格局；二是要在榜样教师中营造勇于创新、追求卓越的文化氛围，在其他教师中营造见贤思齐、有所改变的文化氛围；三是要研究榜样教师成功经验中的可移植因素，从中筛选和提炼相关原则、方法和技术供推广运用研究，特别是区域教研部门和学校要将可以操作的先进的原则、方法和技术转化为教学常规，运用好研究成果，发挥好榜样效益，推进实践改进。

## 二、研修领先的策略

理想课堂建设要坚持先立后破，边立边破的推进原则。先立是先组织相关人员的研修活动，使参与骨干对理想课堂建设的目的、意义、路径、方法有一个整体的认识，形成了自己初步成熟的设想和方案以后，再对现有实践中不合理的旧习有所破除和改变。

研修活动要涵盖理想课堂建设的各类人员：组织教师进修学校的教研员实施有效指导和管理理想课堂建设的研修；校长实施有效领导理想课堂建设的研修活动；组织榜样教师和其他参与教师实施实践理想课堂建设的研修活动；对学生进行学习方式和学习方法的指导；同时通过和家长的沟通，加强对家长的引导，改善家庭教育方式。

如果说课堂是优质教育开始和结束的地方，那教师就是开启和关闭优质教育的人。要特别关注参与教师的研修和培养。对于榜样教师，研修的内容要包括如何改善学生课堂生活状态，如何创造和实现教师幸福生活，如何研究和处理教学内容，如何选择和实施有效教学，如何有效观课议课，如何做务实的教育科研，如何形成良性互动的家校关系等。要把实践中的困难、改革的问题作为研究的主题，充分利用和分析实践案例，提高研修质量和效益。通过研修，提高参与人群建设理想课堂的参与积极性和热情，改善思维方式，提高实践创新能力和教育科研能力。

除集中的案例教学、参与式培训等方式，在理想课堂建设中我们还可以采取以下两种研修方式。

现场研修的方式：（1）组建项目指导专家团队，开展专家指导下的集中研修。以知名大学教授为首席专家，专家团队成员以教师进修学校部分学科教研员为主，同时聘请其他国内有影响的课程教学研究专家、教师教育专家加盟。首席专家要围绕教研员教学指导、教育科研、组织教师研修等能力素养,组织专家团队成员进行研修活动,深入基地学校,观摩和指导榜样教师课堂教学,支持和指导基地学校的项目研究与校本研修。(2)**基地学校的校本研修**。基地学校要根据理想课堂建设的总体需要和本校的研究专题,建立校本研修的机制,建设先进的教师文化和教研文化,通过实践反思、同伴互助、专业引领等途径,借助观课议课的"从现场到问题的案例研究"和"从问题到现场的行动研究"两种研究途径,发现理想课堂建设的问题,发现解决问题的策略,改进课堂教学,提炼理想课堂建设的经验。(3)**外地学校的现场研修**。组织榜样教师走出去,考察先进地区、先进学校,学习它们课堂教学的成功经验,开阔视野,反思和改进自身课堂教学,获得学校理想课堂建设的间接经验。

网络研修的方式:(1)建立基地学校和榜样教师的理想课堂建设QQ群,采取集中研讨和分散研讨等不同形式研讨理想课堂建设的问题。(2)建设理想课堂建设主题网页,分享和讨论理想课堂建设的案例、经验,并针对相关问题展开研讨。(3)利用网络,分享和学习理想课堂的相关理论成果与实践案例,开展读书经验分享活动,争取专家的网络指导。(4)组织相关论坛活动。围绕理想课堂建设的建设愿景,每期选择其中一个专题,由主研学校提供现场教学,组织专题论坛活动。

## 三、整体改进与重点突出的策略

基地学校、榜样教师需要对理想课堂建设的各要素和相关支撑体系有全面的认识与理解,需要有全局观念和整体视野,以整体理解和推进理想课堂建设。同时又要结合自身实际选择其中的一个要素和支撑方面做重点研究,有所突破和创新,为整个理想课堂建设提供经验和案例,为全区推进理想课堂建设做出贡献。基地学校和榜样教师要加强合作,共同分享,相互砥砺,提高研究的整体水平和能力。

## 四、实践中的中庸策略

推进理想课堂建设不是写文章、作报告，而是一项踏踏实实的实践行动。写文章、作报告或许可以观点尖锐、态度鲜明，但在关涉孩子、关涉千家万户家庭未来利益的教育改革中，我们不能简单地提口号，走极端，教育实践需要"极高明而道中庸"。

"不偏之谓中"，"中"不是绝对的对等，而是把握动态的平衡。理想课堂建设要兼顾学生的全面发展和个性发展，兼顾各方面的利益诉求，平衡各种有价值而又难免偏颇的教育理念和主张。比如，既看到当前课堂上不重视学生主体性的主要矛盾，要下大力气在课堂上让学生活起来、动起来，又要避免出现教师放弃引导的一边倒现象；既要看到课堂效率低下的主要问题和矛盾，着力提高课堂效率，又要避免盲目提倡和追求高效教学，使学生在课堂上过分紧张，缺乏必要的闲适和舒缓，影响了学生的当下生活质量的现象。

这里的平衡是全局的平衡、整体的平衡。把握全局的平衡时要注意几个问题：首先是学校教育的协调平衡，学校教育要尽到自己的责任，既不去贪天功为己有，又不去承担学生生活种种不如意之无限责任；其次是学段的兼顾和取舍，幼儿园、小学、初中、高中各有自己的主要任务和目标，不要鼠目寸光只顾自己，而要遵循儿童身心发展规律，把握自己的重点，把自己该做的事情做好；再次是学校课程体系的完整、协调和平衡，要建设丰富的、适宜的、有一定选择空间和自由的学校课程体系；最后是学科教学依据学科课程标准的内容和方法平衡，要注意课程目标的整体把握，关注年段关联，把握不同学习内容、不同学习方式的关联和平衡。具体到每一节课，其课堂教学需要根据实际情况突出重点，在选择中兼顾平衡，也就是每一节课要在某一方面给学生留下深刻的印象，要有选择，不能面面俱到，蜻蜓点水。评价一节课要看是否有平衡和全面发展的意识，更要看是否在某一方面让学生有明显的进步和变化，要把每一节课上扎实。可以说，我们的目标是造一栋房子，这是课程的目标。它要求我们有整体的观念，要知道我们要造的是"一座房子"，而不只是在"砌砖"、"抹灰"。教学目标则要求我们有更为具体的选择。我们要造"一座房子",但不是每天都造一间小的房子,然后把小房子堆成大房子。这一节课主要是"砌砖",下一节课"抹灰",每一节课有自己的选择,这是一节课的教学目标。课程目标和教学目标的差异是:每一节课要有侧重点,要突出重点的内在根据。观课议课和教学评价都不能以学科的课程目标强求每一篇课文、每一节课的教学目标。

"不易之谓庸","庸"是坚持。理想课堂建设的坚持首先是坚持全面发展和特色发展的和谐与平衡,整个理想课堂建设的实践不能走极端;其次是理想课堂建设要在充分论证的基础上付诸实践,在认准并付诸实践以后,要有坚持实践的勇气,至少要有"小学六年""初中三年"的时间视野,要在审慎推进中坚定不移。基地学校和榜样教师在坚守理想课堂建设的基本理念,采取具有理想课堂建设特色的教学模式、教研模式和管理模式的基础上,要发挥创造性,形成本校和本人的课堂教学特色、教研工作特色和学校管理特色,建设有质量、有特色的学校课程体系,形成自己的教学特色和风格。

我期望通过理想课堂建设促进师生幸福人生的实现,期望通过我们富有创建而又扎扎实实的努力赢得掌声和尊重。让我们为此共同努力!

# 相关问题与回应

问：陈老师，我是这一次参与研究的榜样教师。听了你的报告，一方面是感动和兴奋，另一方面是感受到了巨大的压力和挑战。我想问的是，作为榜样教师，我们如何去适应理想课堂建设的要求？

回应：首先，我想在一个新的任务、新的变化面前，有一些压力是很正常的，这是一种有责任心的体现，传递了一种参与和改变的愿望，我很高兴大家听后有一定的压力。但我以为，有压力但不能压力过大，压力过大就会影响我们的幸福生活，这和理想课堂的"促进教师幸福生活"的愿景是南辕北辙的。路要一步一步地走，饭要一口一口地吃，只要方向正确并且在朝着正确的方向前进，我们就不怕路远。遇到堵车的时候，我常听司机说："不怕慢，就怕站。"对于榜样教师，可以说也是"不怕慢，就怕站"，也就是你首先要投入进来。

其次，要注意理想课堂建设不是一种发明而是一种发现。我们需要一种尊重实践经验、尊重一线教师的创造性实践、不另起炉灶的教育研究立场。我们来看一个例子。研究顾泠沅先生主持的青浦实验，其中的一条重要经验就是善于发现，而不是发明：1977 年，顾泠沅先生参与青浦县的中学数学测验，他们发现，学生成绩之差让人震惊。为改变落后面貌，他们开始了进一步的调查，在调查中，一是发现了学生在学习态度、学习水平和方法上的差别；二是发现了很多教师在教学方法上存在的问题，同时也发现了基层教师的 160 多条经验。建立在这样的发现基础上，课题组对这 160 多条经验进行检验和筛选，提炼出了"尝试指导、效果回授"的教学策略。然后将这样的策略运用于实践，进行观察研究和操作设计。最后是将小范围的成功经验扩大检验、应用和推广。十年磨一剑，研究取得了巨大的成功。

这样的过程就是行动研究的过程。作为榜样教师，我们可以借鉴这样的思路和方法。我建议大家先要以理想课堂的愿景为背景做发现的工作。比如，去发现学生在自己的课堂上是否快乐，不快乐的原因是什么，自己、身边的同事、文献资料中有没有让学生快乐幸福生活的案例。对于自己的经验、同事的经验、他人的案例，我们要从中找出方法。对于这种种方法，我们可以先把它们列出来，然后再辨别分析，从中找出最重要的几条运用到自己的实践中，观察效果。最后提炼出有推广意义的方法、策略和身边的同事分享。坚持下去，必有所成。

第三，我们要学会放弃一些东西。在网易公开课中，我看到了美国普林斯顿大学科内尔·韦斯特教授这样说："事实上，我必须前进，在前进中我不仅必须重新审视我在哪里，在干什么，还要审视我是谁。蒙田说进行哲学讨论就是学习如何去死。你内心的某些东西必须死去，另外一些东西才能重生，如果一些狭隘的想法使你蒙蔽，这些东西就该死亡，从而让一些更开阔、更深刻、更具世界性的东西重生。……这就是教育的真正含义。我总是告诉新生，当你们在阅读卡夫卡、契科夫的政治剧作遇到困难时，你们要思考如何死，你们到我的课上要学习如何死。他们说：'你在说什么呢？'正是这样，你必须先知道如何死，再开始学习，并思考谁会教会我们生活。"（在录像翻译的基础上整理）榜样教师可能比其他老师有更丰富的经验。但经验是一枚双刃剑，它可能使我们更快捷、更合理地应对情境，也可能使我们故步自封、自以为是。我们要学习、要成长，需要先学会"死"。我建议大家经常想一想：过去的哪些东西想错了？哪些事情做错了？哪些习惯该改变了？哪些思维方式、行为方式需要改变和放弃？然后让蒙蔽我们的狭隘想法"死去"。

每天这样想一想，变一变，就有可能"苟日新，又日新，日日新"了。"苟日新，又日新，日日新"是刻在商汤的洗澡盆上的文字。什么意思？本义就是洗澡除去身体上的污垢，使身体焕然一新。我想，这和科内尔·韦斯特教授的"死"的含义是一致的。我们需要学会如何"死"，然后才能重生，"死去"才能"活来"。

第四,要学会"抱团取暖"。榜样教师是一个团队,教研员队伍是一个支持的团队。我们要主动形成这样一种自觉:有了问题大家商量,有了经验大家分享,有了好的方法大家一起用观课议课的方式研究讨论。要知道,你不是一个人在战斗。我们要学会借力,要主动争取帮助,要充分利用各种资源发展自己、改善教学。

## 第二讲

# 让学生享受课堂、享受成长

**本讲要点提示：**
- 让学生享受课堂
- 让学生享受成长
- "种田靠天气，教育靠关系"
- 合理运用惩戒的教育方法
- 相关问题与回应

2006年，在贵州省遵义市湄潭县，我和一位小学教师讨论当教师的理想和追求，她说："我就是一个小学教师，大的事情我也关心不了，也管不了，我就希望看到我的学生能够高高兴兴回家。"

这使我的眼睛为之一亮。这几年和老师们观课议课，大家常常问我心中的理想课堂是什么样的，我把"让学生蹦蹦跳跳上学，高高兴兴回家"作为理想课堂的第一目标。"蹦蹦跳跳"意味着学校和课堂具有吸引力，学校和课堂是学生心中的圣地与乐园。"蹦蹦跳跳"表现出一种状态，即儿童还是儿童，不是小大人，在学校里，在课堂上，他们作为儿童的自由心态和活力未被禁锢、压抑。"高高兴兴"意味着学校生活有收获，有快乐，一天的学习生活过得有意义、有价值、有尊严，新一天的学校和课堂生活值得向往与追求。

"蹦蹦跳跳上学，高高兴兴回家"的描述对小孩子是适切的，对其他学段和年龄段的学生来说，理想的课堂应该能让他们享受课堂，享受成长。

要让学生学得更好，就需要给学生营造一个适度宽松的学习氛围，使学生能在心情愉快的情形下，通过理智反应取得成长和进步。

# 让学生享受课堂

## 一、改变学生课堂生活状态是我们的责任

各位老师，当你走进教室的时候，是否有什么会让你感到心痛？

让我感到心痛的是学生脸上的表情，他们目光或躲闪或退却，眼神无助而委屈，表情麻木而痛苦。曾经在一个二年级的班上观课，刚要观察身边两位同学的作业，就有另外一位同学大声对我说："他们两个是我们班上最笨的。"而这两位同学听完以后，眼中闪过的只是一丝不好意思，然后便深深地低下了他们本来就不敢抬起来的头。这还只是二年级的孩子。想一想，是谁给这两个孩子戴上了"最笨的学生"的帽子？除了"最笨的"，有哪些同学被告之是"次笨的"？带着这样的帽子，在今后漫长的人生道路上，他们会不会被这样的"帽子"压得抬不起头？而这个大声说别人是笨蛋的学生的表情是那么骄傲和满不在乎，今天他这样对待同学，长大以后，他又将怎样对待那些有差异的人？

这是看到的，听到的更加让人痛心。

曾经有一位家长这样诉说，某天晚上11点多，她突然听见一阵啜泣，低低的，却伤心十足。循声进去，竟然是年仅8岁的儿子在床上哭泣，儿子的眼泪已将被子浸湿一大片，而且嘴里还喊着："老师，别打我。"她赶紧把孩子抱了起来。孩子的身子分明颤抖了一下，脸上闪过一丝惊恐之色，他睁开眼，方才看清是妈妈，眼中再次溢满泪水。他羔羊般偎在妈妈的怀中，近乎

哀求地说:"妈妈,我不读书了,好不好?"听儿子说,打从学前班起,每当同学们做错作业的时候,班主任就会勃然大怒,或者凌空一记耳光,或者揪起耳朵拔你长高。同学们一见到老师,就像老鼠见了猫,总是战战兢兢。儿子属于班上各方面表现都较好的学生,但仍然免不了做错作业而遭受皮肉之苦,而每挨一次打,十天半月都难以抹去心中的阴影。这次因为在期末考试中把一道极其容易的习题做错了,老师评讲试卷时,当着全班同学的面,又狠狠地扇了他一个耳光。

某幼儿园大班老师布置课后作业,要求孩子写432遍数字"3",以至于家长作出了不让孩子写这个作业的决定,并对哭着害怕在老师面前交不了差的孩子说:"你们老师那儿我去说,我认为你应该把宝贵的时间用在更有意义的事情上。"

在某地某教室前方的国旗两侧,写着这样的标语:"生前何必久睡,死后自会长眠。"

……

耳闻目睹这些事,让从事教育的我们,良心难安。正是这样的现象使我们对今天的学生在课堂上的生存和生活状态不满意。我们相信,总有一些办法可以让学生在课堂上的生活快乐一些,收获更多一些。理想的教育应该能够"使所提供的东西让学生作为一种宝贵的礼物来接受,而不是作为一种艰苦的任务去负担"(爱因斯坦语)。寻找、实践、运用这样的方法,让眼前的学生能在我们的课堂上过上相对快乐幸福的生活,是我们的道义与责任。

## 二、当下美好快乐的生活是未来幸福的基础

对于教育与生活的关系,大致有两种各有侧重的观点:一种观点侧重在"教育是生活的预备",认为教育要为将来的工作和生活做准备,即教育是为了未来的。另外一种观点侧重在"教育本身就是生活",教育着也就在生活着,教育的过程是生命活动的过程;在教育活动过程中,一方面是生命的成长,另一方面是生命的流淌和逐渐消失;教育作为促进美好生活的一种手段,它本身就是目的。就我来说,我首先看重的是"教育本身就是生活"。

生活预备观有一种理想主义的情怀，犹如一根长长的甘蔗，能从不甜的一头吃起，是怀着"后面能吃到甜的"的理想。但这样的做法需要讨论一个问题，老没有吃到甜味，会不会产生"这根甘蔗不甜"的认识而放弃吃这根甘蔗呢？推而广之，教育中有没有因为没有感受到生活的快乐和学习的快乐而放弃生活、放弃学习的？我认为是有的。

最极端的放弃是对生命的放弃，因为学习失败，因为学校生活痛苦而放弃生命的并不鲜见。比如，2005年4月，北京大学中文系的一位大二女生写了一段这样的话：

> 我列出一张单子：
> 左边写着活下去的理由，
> 右边写着离开世界的理由。
> 我在右边写了很多很多，
> 却发现左边基本上没有什么可以写的，
> ……
> 二十年回忆中真正感到幸福的时刻屈指可数，
> 我不明白，
> 为什么小学的时候无比盼中学，
> 曾经以为中学会更快乐。
> 中学的时候无比盼望大学，
> 曾经以为大学会更快乐。
> ……
> 人生每一个阶段的最后，
> 充满了难以再继续下去的悲哀，
> 不得不靠环境的彻底改变来终结。
> ……

她把这段话贴在学校BBS上，然后从逸夫苑理科2号楼楼顶纵身一跃……

另外一种放弃是辍学、弃学和逃学。2008年4月2日的《成都商报》报道了这样一个消息：某地一名小学生因爱说话、成绩差，被排在教室的最后一排。10岁的他，耗时5个月在教室的墙上挖出一个46厘米深的洞。这个小孩在做着逃跑的努力！我们可以想一想，如果允许，有多少学生会从我们的课堂上选择逃跑！

更常见的放弃是身体逃无可逃而选择心逃。课堂上那些神情冷漠、目光呆滞的学生告诉我们，他们的心已经不在课堂上，不在学习上了。

让学生能继续吃甘蔗就要让他吃到甜味。愿意到课堂来学习，首先是因为他们能从课堂的学习中收获快乐。基于这样的思考，在讨论理想课堂的时候，我更愿意把观课的目光放在学生的脸上，放在学生的眼神中，我希望读出他们是否因为受重视而自尊、自信，是否因为课堂能实现自身的发展和成长而渴望，是否因为能参与其中而获得认同感和成就感，是否因"有所得"而"欣欣然"……

## 三、快乐的生活更有利于成长和进步

《超级教学》作者、美国超级营地创建人之一埃立克·詹森认为，影响学习的两个核心因素是状态和策略，从这种意义上，关注了状态，也就真正实现了对有效学习的关注。

美国学者帕特里克的实验表明，学生在正常的气氛下与在压抑的气氛下解决问题的理智活动有显著差异：常态组的学生情绪平衡，能运用理智较好地解决问题，他们在情绪正常的状态下，能提高知识信息的感受性，具有反应敏捷、思维活跃的特点；压抑组的学生情绪激动不安，有的忧郁、有的惊恐、有的怨恨，在解决问题时，多丧失了理智，只表现出机械、重复，尤其是混乱的反应，学习任务往往难以完成。（如图二所示）苏霍姆林斯基曾经说："心情苦闷和精神郁闷，这种情绪会对学生的全部脑力劳动打下烙印，使他的大脑变得麻木起来。只有那种明朗的、乐观的心情才是滋养思想的大河的生机勃勃的溪流。郁郁不乐、情绪苦闷所造成的后果，就是使掌管情绪冲动和思维的情绪色彩的皮下层中心停止工作，不再激发智慧去从事劳动，而且还会束缚智慧的劳动。"这启示我们，要让学生学得更好，就需要给学生营造一个适度宽松的学习氛围，使学生能在心情愉快的情形下，通过理智反应获得成长和进步。

图二　正常和压抑情况下的学生反应

## 四、把新课程改革的过程目标落到实处

2012年年末的时候，我受邀到一所学校参加教育教学工作年会，听一位中学教师说："我从来就不赞成三维目标的说法，过程就是过程，过程是实现目的的手段，过程怎么可能成为目标？"稍后不久，参加一次交流研讨，又听一位高校工作的朋友说同样的观点。实践工作者和理论工作者有同样的观点，同样的问题，这促使我重新审视和梳理对三维目标的理解与认识。

2001年6月教育部颁布的《基础教育课程改革纲要（试行）》（以下简称《纲要》）要求："改变课程过于注重知识传授的倾向，强调形成积极主动的学习态度，使获得基础知识与基本技能的过程同时成为学会学习和形成正确价值观的过程。"随后，教育部原副部长王湛在全国基础教育课程改革实验工作会议上对此解读："首先，要根据基础教育的性质和时代的特点，确定哪些基础知识和基本技能是学生终身发展必备的，同时应重新界定新时期基础知识与基本技能的内涵。其次，要强调学生学习的过程与方法。以前更多关注的是学习的结果，而忽略了学生是通过什么样的方式和策略来学习的，死记硬背、题海训练得到的高分，掩盖了学生在学习方式上存在的问题，所以关注学生学习的过程与方式是引导学生学会学习的关键。第三，尤为重要的是要在学习知识的过程中潜移默化地培养学生正确的价值观、人生观和世界观,要引导学生在学习知识的过程中,形成正确的价值选择,具有社会责任感,努力为人民服务,树立远大理想。"知识与技能、过程与方法、情感态度与价值观三维目标由此提出。

　　从《纲要》和王湛的讲话中,我们可以看出,过程和方法列为课程目标的目的在于改变只关注学习的结果而导致的"接受学习、死记硬背、机械训练的现状",帮助学生学会学习。这是过程和方法成为课程目标的积极意义和价值所在。基于这样的理解,我认为,我们需要坚持三维目标的课程追求,没有过程和方法的课程目标要求,教学中抓知识和技能、情感态度与价值观就可能不择手段,知识和技能所内蕴的方法和知识产生的过程就可能被忽视。但我又以为,当仅仅是为了"引导学生学会学习",过程和方法就可能只被看成知识和技能、情感态度与价值观达成的途径和中介,就只是一种手段,就没有必要成为目标,就没有资格与其他两维目标并列。而由于仅仅定位于通过重视过程和方法改变学习方式,中小学的课堂实践就出现了凡课则实行自主学习、合作学习、探究学习的学习方式和课堂上闹哄哄的乱象,教学陷入了形式主义的泥潭。这是过程和方法作为课程目标被诟病的另外一个原因。可以说,仅仅把学会学习作为过程和方法的目标指向远远不够,这对关注过程和方法目标的意义挖掘不足,定位不准,由此带来了理论上的争论和实践中的困惑。

　　因此,我们需要对过程和方法的意义、目标重新认识与定位。我以为,作为目标,它和其他的目标有相互关联、相互促进的关系,但其本身首先应该是自立和自足的。过程作为目标的根本意义应该在于过程本身,这是作为目标存在的前提。过程本身是否能够成为自立和自足的目标呢?其目标指向又是什么呢?叶澜教授在《让课堂焕发出生命的活力》中说:"课堂教学应被看作师生人生中一段重要的生命经历,是他们生命的有意义的构成部分。对于学生而言,课堂教学是其学校生活的最基本构成部分,它的质量,直接影响学生当前及今后的多方面发展和成长;对于教师而言,课堂教学是其职业生活的最基本的构成部分,它的质量,直接影响教师对职业的感受、态度和专业水平的发展、生命价值的体现。"以存在主义哲学的视角看,因为人生最后的归宿是死亡,所以人的存在本身没有意义,但人却可以在存在的基础上自我造就，活出精彩，在过程中活出意义。人生需要精彩的过程，这是过程作为目标的自足性和自洽性的根据。人需要在有意义的过程中获得意义，需要在有价值的生活中认可和实现自身的价值。依据这样的理解，我以为，过程目标的核心内涵和根本指向是：提升师生在课堂上的生命质量和生活质量，促进师生在课堂生活中活得精彩，活出生命的意义和价值。让师生快乐幸福地生活就是三维目标中的过程目标。

对他们抱有期望，对他们信任，给他们有挑战的任务，是帮助他们获得学习成功体验、享受成长快乐的一种选择。

# 让学生享受成长

在和教师们交流让学生过美好快乐的课堂生活时，有教师问我什么样的课堂生活是美好的。我说，对于什么生活是美好的，我们每一个教师都可以描绘自己的图景。在这里，我先说一说自己的理解，然后再用一个例子来说明。

关于学生美好快乐的课堂生活，我认为它有以下几个特征。

首先，应该是可爱的生活。他们在学校里、在课堂中能感受生命宝贵，生活可爱，知识有意义，学习有价值，从而对生命充满渴望，对学习充满渴求。如果学校成了监狱，教室成了牢笼，教学成了禁锢，学生唱的是"我去炸学校，校长不知道，你拿枪我拿炮，轰隆一声学校不见了"，学生就不可能有美好的未来生活。

其次，是受尊重的生活。学校和班级管理制度人性化，课堂教学氛围和谐、有序，人际环境充满关怀的校园环境，不仅使学生意识到好的规范和制度所具有的价值和意义，自觉维护规范和制度，而且能促使他们立志建设更加美好、更加合理的制度和规范。这便为他们成为合格的公民奠定了基础。

第三，是鼓励个性发展的生活。学生的异想天开有人欣赏，个性张扬得到鼓励，充分自由发展的愿望得到鼓励和支持。

第四，是得到老师充满温情和人道的同情、关心和支持的生活。教师能了解学生的特长和闪光点，称赞他们的良好表现，激发他们生命的潜力与活力，关心他们的生存困境与愁绪，喜爱他们的天真与幼稚，宽容他们的失误与瑕疵，赞赏他们对教材、对自己的质疑、批评和超越。

　　除此之外，我还想说，要让学生享受智力活动的乐趣。这里说一个例子，是深圳市福田区荔园小学魏彬老师在《小学青年教师》上写的故事。讲的是，就把一真分数分解成若干个相异的"分数单位"之和是一个古埃及的数学问题，在教过相应内容后，老师给学生布置了"把 $\frac{7}{15}$ 写成不同分数单位的和"的作业。有一个学生在完成作业时经历了这样的过程（如图三所示）：

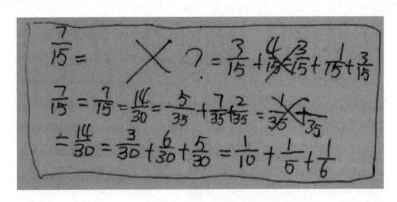

图三　学生对 $\frac{7}{15}$ 的分解过程

　　我们可以尝试来分析学生完成作业时所经历的思考和成长过程：在 $\frac{7}{15}$ 之后是长长的空白，这个空白可以说是长时间都没有想到办法，学生遇到了困难。在困难面前，这位同学很是沮丧，用一个大大的"×"表达了对自己的否定——"我真笨"，也表达了对题目和对学习的讨厌——"这个题目真难"。学习遇到了困难，这时，要么老师不在身边，要么就是老师有意识地让学生独立思考，总之是学生有了足够的独立思考的时间。在这较长的等待时间里，学生又干什么呢？写了一个"？"，重新拾起了自己的学习责任——"我的问题没有人来帮我，我还是要自己再思考一下"。然后他开始尝试，" $=\frac{3}{15}+\frac{4}{15}=\frac{3}{15}+\frac{1}{15}+\frac{3}{15}$ "，这时又是一个"×"。学生发现了什么？可能是学生做完了，再回过头检查，发现答案和题目要求不一样，这三个分数的分数单位是一样的。这次实践和错误是有价值的，它会提醒这位同学以后做完题目后一定要检查。再重新开始，经过紧张的思考，终于找到办法了——把$\frac{7}{15}$化成$\frac{14}{30}$，接下来到"$\frac{1}{35}+\frac{\quad}{35}$"又是一个"×"。我们可以猜想，这是在准备对$\frac{7}{35}$约分写成$\frac{1}{35}$的时候，发现和前面的$\frac{1}{35}$成了同一个分数，这使他注意到约分的时候只对分子除以了5，对分母没有同时除以5。再往前面检查，又发现在上一步把分母30抄成了35。这是粗心带来的错误，这次检查和反省可以帮助他体会到：方法对了，离成功即便只有一步之遥，也要小心谨慎，千万不能得意忘形。重新来过，最后一行的流畅书写反映了流畅的心情，传递出了这位同学获得成功以后的快乐体验。

老师在完成单元教学以后，又对学生进行了调查，老师提出的问题是："三节古埃及分数的课给你留下的最深刻的印象是什么？"学生回答："古埃及的分数很好玩，区区的小分数也能使人思考、研究，使人充满回味。"（如图四所示）

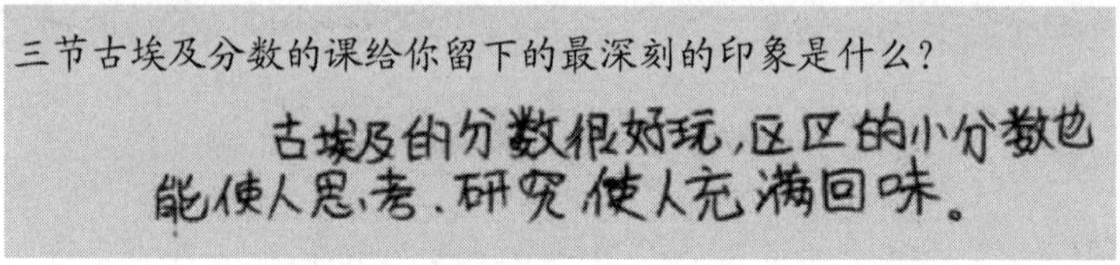
三节古埃及分数的课给你留下的最深刻的印象是什么？

古埃及的分数很好玩，区区的小分数也能使人思、考、研究使人充满回味。

**图四　学生对古埃及分数的印象**

看到这个课例，我的内心充满激动。我把前面的大大的"×"和后面的"区区"、"小"联系起来思考，就发现了这样的问题：在开始做不上题目的时候，学生把困难看得特别大，人很小。在用自己的力量战胜了困难以后，在学生眼里，人大起来了，困难小了，成了"区区"和"小"。这样的数学教学使得人获得了一种自信，发展了自我认知，产生了自我欣赏，人在困难面前获得了一种自由和解放。这个课例使我们重新理解、认识数学及数学教学的价值，它还告诉我们，学生在胜任有智力挑战性的学习任务以后，能得到一种自我认同的愉悦体验。这样的教学能真正改变学生的生活，使学生获得生活的智慧，带给学生成长的美好和快乐（如图五所示）。从图五我们可以看出，学生满足于探索的感觉。老师又问："如果'数学'是一种可以吃的东西（比如，蛋糕、香蕉、苦瓜、西瓜、米饭、牛扒、药等），你认为数学是哪一种食物？为什么？"学生的回答是："西瓜，因为西瓜在你没有打开之前你不知道里面的瓜肉是怎样的，而打开了就知道有多甜！"美好而快乐的课堂生活是要帮助学生享受这样的"甜味"的。

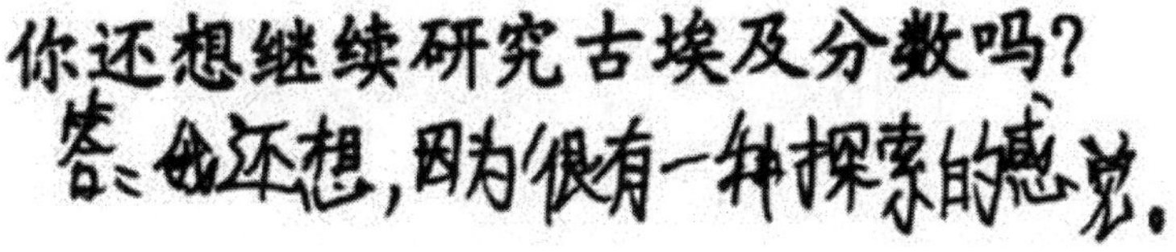

> 你还想继续研究古埃及分数吗？
> 答：我还想，因为很有一种探索的感觉。

**图五　学生通过学习有了探索欲**

曾经有老师说，让学生快乐生活就是要降低对他们的要求。在某些特殊的情况下这样说有道理的。但就更普遍的原则，我认为这是一种误解，降低要求可能被学生理解为对其能力和水平不信任，老师对他们失去了希望，这样，他们获得成功的体验是会"打折"的。相反，对他们抱有期望，对他们信任，给他们有挑战的任务，是帮助他们获得美好体验的更有价值的选择。经验告诉我们：被信任才会变得更积极，被看轻、被放弃是很难有好效果的。也有人对此做过实验，让班上对学习不感兴趣的几名学生，为社区的学前儿童朗读书本，令他惊讶的是，那些学生乐于此事，并且学习态度发生了很大改变。

有无关心和爱的基础，有无一种良好的师生关系，学生对你的教育活动的理解和接纳会完全不一样。

## "种田靠天气，教育靠关系"

我在四川省绵阳市涪城区教师进修学校工作的时候，张仁诚校长曾经跟我说："种田靠天气，办学靠关系。"他是针对我工作中有时自以为是，不注意协调外部关系这一毛病说这句话的。我把这句话改一下，变成"种田靠天气，教育靠关系"，这里的关系包括师生之间的关系、同事之间的关系、老师和家长之间的关系。在这种种关系中，我们知道，最为重要的是老师和学生之间的关系。

让我们来看看王永明老师在《教育发展研究》2005年第4期上发表的《那改变我一生的两次微笑》中的几段话。

> 上小学的时候，我的语文成绩很不好，原因是我不喜欢语文，而不喜欢语文的原因，是因为我不喜欢我的语文老师。
>
> 我的语文老师是位年轻的男教师，脾气很大，动不动就训人，好像全世界的人都欠了他似的。我从小学一年级就在他的班上，感觉他从来没有笑过。我不喜欢他，也就不喜欢他的课。四年下来，我的语文成绩一直排在班里的倒数，我因此而自卑。
>
> 那天一上课，坐在教室里的我就开起了小差。"王永明同学，你起来回答……"突然，老师向我提问了。可怜我连什么问题都没有听清楚啊。我战战兢兢站了起来，准备挨一顿臭骂。可是意外发生了，当我抬起头来，发现老师竟对我深情地微笑了一下。

我真不敢相信，四年来，老师从来没有对我微笑过啊！我受宠若惊。老师对我微笑了，老师是看得起我的，老师并没有嫌弃我的成绩差，想到这里，我挺直了腰板，认真听起课来。

不一会儿老师的脸又转到我这边来了。大概是看到我听课认真的缘故吧，老师又给我热情的一笑。我明白，老师这是在鼓励我。那天，我的心情从来没有这样好过。从此以后，我的语文成绩突飞猛进。只一年时间，我从班里的倒数猛升到全班前五名。在这期间，虽然老师再也没有对我微笑过，但我想，老师是对我严格要求，老师心里是喜欢我的。我能看到老师的心在对我微笑。

我们可以发现这样一种内在而简单的关联：当老师"脾气很大，动不动就训人"时，"我不喜欢他"；"因为我不喜欢我的语文老师"，所以"我不喜欢语文"；由此，"我的语文成绩很不好"，"我因此而自卑"。而当"老师对我微笑了"，我"挺直了腰板"，"心情从来没有这样好过"，"认真听起课来"，最终结果是"语文成绩突飞猛进"。反过来，你要学生学得好，就需要学生喜欢你这个学科；要学生喜欢你这个学科，就需要学生喜欢你这个人；要学生喜欢你这个人，就需要你对他笑——鼓励和信任他。

文章开始时，作者说："我从小学一年级就在他的班上，感觉他从来没有笑过。我不喜欢他，也就不喜欢他的课。"可后来，作者又说："在这期间，虽然老师再也没有对我微笑过，但我想，这是老师对我严格要求，老师心里是喜欢我的。我能看到老师的心在对我微笑。"同样的现象——老师没有微笑过，前后的感受何以如此不同？我们可以从中得到这样的启示：有没有关心和爱的基础，有没有一种良好的师生关系，你的教育活动给学生的感受会截然不同。当学生认为你关心和爱他时，你的批评被学生理解成关心和帮助，你的表扬被认可为肯定和鼓励；你在教学上出点差错，学生也能谅解——"难得一点小失误"。相反，当学生没有接纳你的关心和爱时，你的批评可能被学生理解成歧视和"挑刺"，而你的表扬则会被认为是讨好和利用；你在课堂上难得出点失误，学生也不会谅解，认为你"上课都讲错了"。想一下，如果是后一种情况，你怎么可能在教育活动中享受愉快？

用这个例子，我们说教师和学生需要建立一种良好的信任和相互关怀的关系。那如何建立这样的关系呢？

## 一、坚守尊重的底线

把尊重作为底线来讨论，不仅因为尊重是教育产生影响力的基础，而且因为在实践中，教师对学生的尊重存在缺失——这一讲开始谈到的几个案例可以说问题都出在教师缺乏对学生起码的尊重上。平常我们常说"尊师爱生"，其实际现状往往是：教师对学生是热爱有余，尊重不足，因为尊重不足而导致对学生的伤害不时发生；而学生对教师是尊重有余，热爱不足，对老师敬而远之。

人与人之间要相互尊重，这是起码的常识。为什么有文化、有知识、有修养的教师反而对学生缺乏尊重呢？我以为主要有两个原因：一方面，老师和学生之间不仅存在成人和未成年人的年龄差异，而且相对学生而言，教师"闻道在先"，属于有知者（或者多知者），老师处于教者、授业者、社会要求代言人的地位。这使一些老师不能摆正自己的位置，从而失去了对学生应有的尊重之心。老师可能对学生、孩子以外的其他人表现出应有的尊重，而对学生却常常不够尊重。另一方面，出于对老师的尊重和信任，加上要求被尊重的意识不强，学生对教师不尊重自己的现象并不敏感，也缺乏有效的应对。

该如何理解尊师爱生呢？在修辞学中，有一种互文的修辞手法，我以为对于尊师爱生也需要从互文的修辞角度去理解：学生既要尊重老师也要热爱老师，老师要热爱学生更要尊重学生。退一步说，即便你做不到热爱，起码要尊重，有了尊重做底子，老师的爱才是合理的，不然我们就可能在爱的名义下干着伤害学生的事情而不自知。

举一个简单的例子。2010年在一个"国培"项目中，有一位老师问我"如何尊重和帮助差生"，我的回答是："你在心里不把他们看成'差生'，不称呼他们为'差生'就是一种最直接的尊重和帮助。"想一想，你心里对他们分了等，言语上难免说出来，行为上难免表现出来，学生是敏感的，他们是能够观察到、感受到的。在这样的心境下，他们对你的看法和态度就会不一样，对自己当下生活的感受和对未来生活的向往就会变得不一样。

## 二、用更积极的心态看待学生

曾经有老师跟我诉苦，说自己对一位学生如何如何好，可是学生偏偏不听，还来气她——"我在帮她，她为什么还来气我？真是狗咬吕洞宾，不识好人心。"我想，可能存在这几个方面的原因：一是学生认识水平有限，不知道老师出于好心；二是老师认为的好心，在学生心里未必是好心——"你给的不是我想要的，你并不了解我"；三是学生也知道老师是好心，但过去老师伤害过学生，伤得太重，老师的好心抵不过过去对学生的伤害，学生有了逆反心理，故意要来气老师。

曾经有老师问我"面对讲很多次都不懂的学生你会不会'崩溃'"，我说过去可能"崩溃"，现在不会"崩溃"了。主要是我现在看人有更积极的人性观，人性观更平和了。比如中国古代有人性善、人性恶、善恶混等不同观点，我们都可以从中获得更为积极的对待学生和对待自己的态度。

立定性善说的观点，作为教育工作者，更应该对学生先天的"善"性抱有更多的信心和希望——相信"每个人都有一颗成为好人的心"（苏霍姆林斯基语），我们只有坚信他想改变，想成为好人，想有出息，能够成长，"诲人不倦"才有动力和基础，工作才不至于失去希望和信心。如果在我们眼中，学生无可救药，我们就很难全心全意去帮助他。谁会真正愿意去对一颗已经被认定为一无是处的顽石下功夫呢？周弘曾经对家长说："哪怕天下所有人都看不起你的孩子，做父母的也要眼含热泪地欣赏他，拥抱他、赞美他，为自己创造的生命而骄傲。"对于教师，这句话可以换成："无论别人怎样不相信你的学生，做教师的也要满怀期望地相信他、拥抱他、鼓励他，为自己再造的生命而骄傲。"老师只有对学生的"善"性抱有信心和希望才可能尊重学生，才可能对学生投入热爱和感情。

从人性恶的角度，我选择的积极态度取向是：因为人都有这样那样的问题，所以我们要理解学生的种种不理想，接受眼前学生的种种不如意，也接受自己的无能。学生就是这样的，千差万别，总有一些你教不懂的，总有一些你改变不了的；对于自己，我们常说"菩萨慈悲"，即便法力无边的菩萨，怀揣着拯救苍生的意愿，也有解救众生无能为力的时候，也会为此宏愿难以实现而"悲"，何况你我凡夫俗子？

从人性善恶混的角度，我们可以选择的积极态度是：人是环境的产物，我们的责任和使命在于创造有利于他们成长和进步的教育环境与教育活动，我们要相信，付出这样的努力对学生的生存和生活有意义，有价值，我们要"相信岁月，相信种子"。

## 三、从接纳开始

有一位教师要求学生用普通话朗读课文，学生从农村来，不会普通话，教师一再要求，学生很不耐烦，对教师指责道："你只会说要用普通话读，我讨厌你，我鄙视你。"这位刚走上讲台的教师因此落荒而逃……这位老师首先想到的是改造。

集诗人、插画家、剧作家、作曲家、乡村歌手于一身的谢尔·希尔弗斯坦写过这样一首诗：

> 孩子说："有时我会把勺子掉到地上。"/老人说："我也一样。"/孩子悄悄地说："我尿裤子。"/老人笑了："我也是。"/孩子又说："我总是哭鼻子。"/老人点点头："我也如此。"/"最糟糕的是，"孩子说，/"大人们对我从不注意。"/这时他感觉到那手又皱又暖。/老人说："我明白你的意思。"

想一想，当孩子说"有时我会把勺子掉到地上"，我们会说什么？我们可能会说"你以后小心些"；当孩子说"我尿裤子"，我们可能说"你晚上要少喝一些水"。"你以后小心些"、"你晚上要少喝一些水"是把改变放在第一位的做法，而"我也一样"、"我也是"则首先定位于理解和接纳。

人和人相处，在彼此都不了解和接纳的情况下，不要着急想着改变对方。

做教师的，要爱学生，要影响学生，要改变学生，但这首先需要建立一种彼此理解和接纳对方的关系。加拿大学者大卫·杰弗里·史密斯说："爱世界、爱他人、爱自己的学生，意味着与他们保持这样一种交往关系：不是事先决定好怎样让他们成为我希望的样子，而是以这种方式接受——接受我们对彼此的局限性，而不只是想象中的可能性。惟其如此，我们才能达到共享的真理。教育学关怀应在以下动态系统中表达出来：既拥抱世界，又放任世界，在这种拥抱世界和放任世界的状态中重新发现自我，这样，师生之间相互引导，臻于成熟，相互贡献各自的才干，而绝对不能预先设定一个'永久'的结构。"建设理想课堂，我们需要一个教育学的转向，这种转向就是对学生不要首先想如何改变，而是首先想如何接纳，在接纳和理解中建立一种信任关系，有了信任关系，才考虑相互影响。我的学生说过一个故事，说有一次她的手机响了，侄子看着来电显示说"某某的电话"，其中一个字读错了。这位同学抓住机会说："你看嘛，过去让你好好认字，你不听，这就把字认错了。"这可以是说我们老师最习惯的做法，抓住机会教育学生。但我以为这样的抓住机会是存在问题的，因为这有点揭"疮疤"的问题，这可能导致孩子的反感和抵触。孩子读错了，心里肯定是难受的、不好意思的，你就不要在他伤口上再撒盐了。有效的方式是把这个字教一教，然后会心地朝他一笑，让他自己去反省。

接纳学生的处境可以采取"穿越"的方法。我们需要经常进行这样几种"穿越"：

一是可以"穿越"到自己当学生的时代。穿越到自己的学生时代，我们就会发现，当时我们未必都是佼佼者，未必都是老师喜爱的优秀学生，也调皮捣蛋，也自以为是，也屡教不改，也有总学不会的时候。现在如何？不也当了教师，过得好好的吗？由此我们可以发现，即使当初并不优秀，我们也可以通过以后不断的努力过上自己认可和接纳的满意生活，管用一生的学历教育正在让位于终其一生的终身教育。对于终身教育，最重要的是不要让自己失去了信心，不能让自己放弃努力，不要让自己放弃学习。

二是可以"穿越"到学生的未来去。2012年12月，各大网络媒体流转着这样一个故事：教了一辈子书的李老师，女儿都已经二十七八岁了，还没有找到男朋友。李老师的一个同事热心地当起了红娘,把李老师当年班上的一个优秀学生介绍给她女儿。见过一面之后,李老师十分感叹地对同事说:"这个孩子原来读书的时候,我是多么欣赏他呀!他学习成绩很棒,又特别听话,从来不调皮捣蛋。现在他也挺成功的,不到三十岁就是公司的中层管理人员,按道理说,的确是还不错。可是,让他来做我的女婿,我倒真的不中意。你看他的背,好像有些驼了,走起路来怕踩着了蚂蚁,就像个小老头;你看他的眼镜,镜片那么厚,至少也有七八百度;你再看他说话细声细气的,哪像个小伙子?更不说像个男子汉了;最让我看不上眼的是他那么古板,表情那么单一,一点幽默感都没有。我女儿如果跟这样的人生活一辈子,她能获得快乐和幸福吗?……"姑且不讨论这位丈母娘是不是过于吹毛求疵,但有一个事实是我们要承认的,那就是:老师今天眼里的好学生,未来未必出色;今天我们眼中的后进学生,未来未必一定不堪。

三是可以"穿越"到家长的生存处境中。曾经也有老师说自己学生的家庭环境多么不堪,家长如何不配合、不支持学校的工作。遇到这样问题的老师,我们还可以"穿越"到家长的生存处境中。必须承认,学生的家庭环境和家庭条件是各不相同的,家长的素养和境界也是千差万别的,对这多样的家庭环境和家长素质,我们也需要接纳和理解。比如,对那些今天吃了晚饭就在琢磨"明天的早餐在哪里"、为日常生活操心的家长,我们委实无法对他们提出过多的关心孩子学校生活的要求。

## 四、传递学生能理解和愿意接纳的爱

教师需要履行教书育人的工作职责,但仅仅把工作看成履行职责,这样的教师最多只能算合格教师。爱是什么?爱是在履行职责的基础上更加自觉地、更多地付出——付出关怀,付出智慧,付出时间和精力。"没有爱就没有教育。"只有付出爱了,教师才能成为让学生喜欢的教师,才可能成为优秀的教师。

我相信,大多的老师是愿意爱学生并且付诸行动的,但学生感受、理解和接纳我们的爱了吗?林崇德教授在《教育的智慧》中提到这样一个调查:

某直辖市教委在教师中随机抽取100名，问："您热爱学生吗？"90%以上的回答"是"。再向这100名教师所教的学生进行调查："你体会到老师对你的爱了吗？"回答"体会到"的仅占10%。对于这种现象，做教师的，我们不能一味责备学生，说学生不懂事，不理解我们，而需要反躬自省。

对于反躬自省，孟子曾经这样要求："爱人不亲，反其仁；治人不治，反其智；礼人不答，反其敬。行有不得者，皆反求诸己……"其大意是：我爱别人而别人不亲近我，应反问自己的仁爱之心够不够；我管理别人而未能管理好，应反问自己的知识与能力够不够。我礼貌地对待人而得不到回应，要反问自己态度够不够恭敬。任何行为得不到预期效果，都应反躬自问，好好检查自己。

我们爱学生，学生为什么没有感受到？学生为什么不认为我们在爱他？反躬自省，在我们自己身上找原因。

我曾经观察了一节"百分数"的公开课，当时的情形是这样的：

基于比较大小的需要，老师先引导学生把不同分数单位的分数通分成了百分数。老师在黑板上板书出"$\frac{65}{100} > \frac{64}{100} > \frac{60}{100}$"，然后开始提问："请观察这三个数，你有什么发现？"

（师等待）

师："同学们交流一下。"

（同学交流）

生1："它们都是百分数，都是通过化成百分数来比较的。"

师（重复和澄清）："它们都是百分数，都是通过化成百分数来比较的。是吧？好的！这是他的发现，还有吗？请你说。"

生2："它们的分母都是100，都是通分化成了100。"

师："好的，这是她的想法。还有吗？请你！"

生3："三个分数的分子越大，数值越大。"

师："因为分母一样，分子越大，这个分数的数值越怎么样啊？"

生："越大。"

师："不错。还有吗？"

（学生一时无人举手。冷场。终于，生4举手）

师："来，请你说。你的发现是什么？"

生4："它们三个都不是最简分数。"

（其他观察课的老师笑了起来）

师："都不是最简，能不能是最简？"

生群："不能。"

师："如果是最简的话，前面的事情我们就白做了，我们就用不着做了。还有没有？"

（在以后的教学中，生4神情变得落寞，不再举手回答问题）

在课堂上，这位老师对学生的态度是亲切的，对学生有要求时"请"字不离口。透过教师的体态和口头言语，我们可以看出这是一位热爱学生的老师。但教师的爱是否建立在理解和尊重学生的基础上呢？生4为什么不再举手了呢？

对这三个分数进行比较，在前面3位同学说过不同的发现以后，老师还希望学生再思考、再回答。这之间有一个冷场的时间，这说明学生已经没有新发现（在观课时，我把自己当成学生，也不知道还可以有什么发现）。等了一阵儿以后，生4才举手，我们可以设想他举手参与的动机：他或许知道自己的回答不是老师想要的答案，但是他不愿意让课堂冷场，不愿意让老师尴尬地等下去，他要帮助老师渡过难关。

于是，他举手说出了不是老师需要的但却正确的发现——"它们三个都不是最简分数。"可惜，其他观察课的老师没有去这样体会，对这样的回答报以了否定的笑声。执教老师也没有去理解这位同学举手的动机和过程，没有意识到"他这是在帮我，不让课堂冷场"，而是在关注学生回答的内容——"这不是我想要的，这里不能南辕北辙。"于是他采取了一个简单同时又有点残酷的处理：用集体的力量来批评和纠正"能不能是最简"——"不能"。这里之所以说有点残酷，那是因为在全班同学都大声说"不能"的时候，这位同学的"无能"就被凸显出来了，学生会为此受到伤害。

观察学生的举手现象，可以说幼儿园是"生机勃勃的森林"，小学低段是"森林"，小学高段和初中是"稀树草原"，到高中已经成了"荒漠"。对课堂生态的这种变化，可以找出很多原因，但善意的动机没有被理解，友好的举动没有被尊重，满腔热情被兜头的一盆凉水浇灭，导致积极参与的学生以后不愿意再举手，是我们在课堂观察中发现的一个重要原因。

"你把学生想得太好了。"有的老师可能这样批评。我要接受这样的批评。但是做老师的，为什么不能善意地理解学生的言行举止呢？善意的理解可以帮助你心平气和地欣赏和鼓励学生，可以让学生看到你的善解人意和对他的接纳，皆大欢喜！为什么不可以这样去理解呢？

如果我们能这样理解，对于学生的参与，我们就不要忙着纠正他的答案，而是鼓励他，并表达自己的心领神会："老师让同学们说出自己的发现，这三个分数的确不是最简分数，很有道理。我还知道，这位同学是想用他的发现做桥梁，引导大家有自己新的发现。老师要谢谢他。"然后朝他会心一笑。

教育既需要"母性之爱",也需要"父性之爱"。对学生的批评、惩戒,是一种教育的手段和方法,也是一种爱的表达。

# 合理运用惩戒的教育方法

在和教师们讨论有效教学的时候,我曾经放过一段课堂教学的视频:一位男生在课堂上十分喜欢表现自己,同学发言的时候,他总是把手举得高高的,嘴里嚷着要来回答。授课的教师对他说:"如果你学会认真听其他同学发言了,老师才会叫你起来回答。"因为刚讨论过"让学生经历美好快乐的课堂生活",参与的老师就看不下去了,认为老师不能这样处理,这对学生的积极性是一种打击,不利于培养学生的自我认同。

该如何看待老师在课堂上对学生的批评乃至惩戒行为呢?在实践中如何合理运用惩处的教育方法呢?

首先,对学生的批评、惩戒,是一种教育的手段和方法,也是一种爱的表达。美国心理学家埃里希·弗罗姆曾经写过一本《爱的艺术》,讨论了家庭中的母性之爱和父性之爱。我的理解是,母性之爱是包容、接纳、温柔之爱,是无条件的爱,它让孩子感到温暖,对家产生依恋,获得有根、有归属的感觉,学会爱、关心、怜悯;父性之爱是有条件之爱,要讲规则,它引导孩子接受规则,走出家庭,走向世界,学会尊重规则、承担责任。因此,在孩子健康成长的道路上,既需要母性之爱的照顾和温暖,也需要父性之爱的引导和教育。

美国作家巴德·舒尔伯格在《"精彩极了"和"糟糕透了"》中提供了这样的例子。在他写出第一首诗的时候,母亲是接纳的,说"精彩极了",父亲是严格的,说"糟糕透了"。若干年以后,他说:"我越来越体会到我当初是多么幸运。我有个慈祥的母亲，她常常对我说：'巴迪，这是你写的吗？精彩极了。'我还有个严肃的父亲，他总是皱着眉头，说：'这个糟糕透了。'一个作家，应该说生活中的每一个人，都需要来自母亲的力量，这种爱的力量是灵感和创作源泉。但是仅仅有这个是不全面的，它可能会把人引入歧途。所以还需要警告的力量来平衡，需要有人时常提醒你：'小心，注意，总结，提高。'""精彩极了'也好，'糟糕透了'也好，这两个极端的断言有一个共同的出发点——那就是爱。在爱的鼓舞下，我努力地向前驶去。"在家庭生活中，孩子需要父性之爱和母性之爱；在学校生活里，学生需要教师的爱中有父性之爱和母性之爱两种成分，教师要根据学生的实际把握好这两种爱的平衡。

其次，我们需要分析什么样的惩戒是合理的。从目的看，惩戒应该是为了纠正和防止学生的不良（或破坏）行为。在上述案例中，学生不认真听同学的发言，一是对他本人的成长进步不利，二是对其他同学的学习和表达产生了影响，老师的告诫是为了让学生学得更好，为了让学生学会尊重他人、学会共处，其惩戒的目的和动机是合理的。从惩戒的对象看，教师针对的是学生的行为——"你没有认真倾听"、"不尊重其他同学的发言"，而不是学生的人格和能力——"你是一个专门捣蛋的家伙"、"你不懂得尊重其他同学"。可以说，惩戒的对象是合理的。惩戒违规的行为有利于纠正学生的不合理行为，不针对人格和能力就不至于伤害学生的自尊而影响学生的自我评价。从惩戒方式看，在"剥夺这一个问题的发言机会"时说明了原因，为学生指明了努力和改进的方向——"只要我认真听其他同学发言，老师就会给我发言的机会"。因为其他同学也存有同样的不认真倾听的行为，加上惩戒的方式只是剥夺一次发言的机会，惩处并不厉害，所以可以在教室里公开地实施。从惩戒程度看，因为只是没有认真倾听，并没有对教学秩序造成太大破坏，也没有对其他同学带来很大的影响，所以惩处也不必太厉害，老师只是语气平和地提醒："如果你学会认真听其他同学发言了，老师才会叫你起来回答。"可以说，老师把握的度也是很合适的。

利用这个案例，我们讨论了惩戒目的的合理性、惩戒对象的合理性、惩戒方式的合理性、惩戒程度的合理性等问题。这是课堂上的学生行为，事实简单清楚，破坏程度较小，不涉及需要调查事实、学生可能不接受惩戒等情况，所以这样处理也就可以了。如果存在事实不清、学生对惩戒不服等可能，还要考虑惩戒的程序合法性问题。比如，在事实不清的情况下，先要把事情调查清楚，不要冤枉了学生，不要累及无辜；在事实清楚的前提下，决定给学生一个比较严厉的惩戒时，最好听一听学生的意见，对学生而言，惩戒本身不是目的，它只是教育的手段，征求学生的意见——"你做了这样的事情，产生了这样的后果，你说一说你该承担什么样的责任？怎样处理才能帮助你从中吸取教训，对其他同学也有交代和帮助？"——本身就是教育。征求意见、和学生协商的目的在于"让每个人都认识到，惩罚不仅是理所当然的，而且是符合他自己的利益的；应该让每一个人都在惩罚中看到对自己的好处"（法国哲学家米歇尔·福柯语）。做出惩戒的决定以后，还可以告知学生申诉的权利。一方面，《中华人民共和国教育法》第四十二条规定，受教育者有"对学校给予的处分不服向有关部门提出申诉，对学校、教师侵犯其人身权、财产权等合法权益，提出申诉或者依法提起诉讼"的权利；另一方面在告知学生可以申诉的时候，你会再审视自己的惩戒是否合理合法，经过了这样的审视，惩戒就会更加合理，学生更容易心服口服，他反而不去申诉了。

  这是从道理上讨论的，实际的情况可能复杂得多。我曾经到一所学校上《晏子使楚》，我从检查生字词入手，学生先要拿出听写生字的本子和笔。在其他同学都已经做好准备的时候，我发现一位同学还坐在那里没有动，于是说："我们全班同学都在等待你，你要快一点做好准备。"我自己希望他意识到在集体活动中需要考虑他人的利益——"不要让他人等自己"。这一暗含批评的话语中针对的是行为而不是人格，我以为这样的批评方式应该是没有问题的。没有想到，这位同学却生气地把书包狠狠地往课桌盒中推去，书和课桌撞击发出了很大的声音。这使我仔细观察，我发现他的目光和表情都与其他同学有很大差异，我的批评对他造成了伤害。我心中有了悔意，但我又不能停下来，只能在后面的教学中弥补。于是，在书写生字词的时候，我说："刚才陈老师对一位同学的批评不合适，陈老师向他'赔不是'。我希望大家都能够写正确，写好这些词，然后'笑嘻嘻'。"在后来的教学进程中，我曾经到他身边去，一次俯身询问需要什么帮助，一次默默地关注他。课后和老师们反思课堂教学，我主动谈了自己的失误和愧疚。带班老师说，这个同学性格内向，最近一段时间，已经在寻求心理帮助。这使自己对这次无心之失印象深刻。一个合理的批评行为导致了对学生的伤害，这告诉我们，普遍的原则也要根据具体的情况作出调整。

第三，要杜绝对学生体罚和变相体罚。我在给学生讲师德与教育法规时，看到一位同学这样写自己读书时的故事：

> 胡老师个子不高，带一副眼镜，看起来挺斯文的。可一上她的课，我们才知道这完全是我们的一种错觉。她的课要求没有一点杂音，更不许下面有人搞小动作，一旦被她发现你没有盯着黑板看，那后果就严重了。有位男同学因为在她的课上不能请假上厕所而把大便拉在裤子里——因为曾经有同学因为要请假去厕所而被她罚，此后就再没有人敢在她的课上请假了。
>
> 那天的数学课是上午的最后一节。正因为如此，大家上课的时候精力不是特别集中。在胡老师中途板书的时候，我前面的同学小声地说了句："好饿呀！"谁知被她听见了，她立刻转过身来扫视大家，严厉地问："刚才谁说话？"全班同学都被她满脸的怒气吓住了，都不敢出声。我们的沉默惹怒了她："你们以为不说就没有事了吗？这一次，我不知道是谁就先打中间两个组（的同学），下次如果再有同样的情况，就打边上靠窗的两个组（的同学）。"说完，她从讲台上拿起黑板擦就开始打中间两组同学的脸。
>
> 类似的情况以后还出现了几次。
>
> 当时听到几个男生说以后一定当老师，还一定要教胡老师的儿子，要打回来。

先来讨论这样一个问题：当老师严厉地问"刚才谁说话"，知道是谁在说话的同学会不会向老师报告"是×××"呢？我以为是不会的。因为从老师这样的语气和神情中，我们应该知道老师会对那位同学采取严厉的惩罚，在明知道（一句真实而且没有造成严重后果的话）要受到严厉惩罚的情况下还把自己的同学供出来，便不是一个能让人信任和放心的人，我们的教育也不能培养这样的人。既然我们不希望学生采取检举的行为，做老师的我们以后就不要采取这样的逼问方式。这让学生为难，也让教育失了斯文。

　　再从这位老师的教学效果看，表面上，课堂上没有杂音，学生没有小动作，但这样的压服学生并不接受，"几个男生说以后一定当老师，还一定要教胡老师的儿子，要打回来"。学生的想法让人担心和害怕。可以说，控制不住情绪的惩戒、对学生体罚所付出的成本是很大的：自己生气伤肝伤身不说，还可能埋下学生报复的种子——学生要打回来。太不划算了！

　　我建议大家看一看韩国电影《老师的恩惠》，太恐怖了！故事里，学生对老师的报复行为会让我们对体罚等违法行为多一份警惕。

# 相关问题与回应

## 一、如何建立更具人性化的管理制度

问：陈教授，建设理想课堂一方面要让学生经历美好而快乐的课堂生活，另一方面又不能没有制度和规则的约束。你曾经说要建立更加人性化的管理制度，我想听听你对这个问题的思考。

回应：无论是学生的现有生活还是未来生活，纪律和规则都是很重要的。我想，建设这样的制度，我们可以注意以下几点：

首先，不要只是教师的一厢情愿，只是在运用旧有经验，我们要学会和学生商量。他们应该有参与权和决定权，参与讨论规则更符合他们的生活要求和经验，这样一来他们也更容易理解和接受规则。最近我在读刘百川先生的《一个小学校长的日记》，这是他1931年开始当校长后写下的一些笔记，看了以后我很惭愧，因为很多东西我想得没有那么细，也没有做得那样好。比如，学校里也要写标语，刘先生认为学校的标语要有这样一些原则："（一）多用积极的语气；（二）语句要简洁明了，使儿童了解；（三）语气要合于儿童的口吻；（四）每一标语里，要有具体的事实；（五）语句要新奇，足以引起儿童注意；（六）用标点表示意义。"我们来看他任职的新民小学的一些标语，学校大门口的是"不缺课不迟到"，"不吃零食"，"不私出校门"，"爱护学校的名誉"；教室里的是"坐的姿态要端正"，"要说话先举手"，"注意本课的学习"。看一看我们教室里的标语，这难道不值得我们反思吗？

其次，可以采取儿童易理解、喜闻乐见的方式来表达和约束。比如，可以借鉴儿童"拉钩上吊，一百年不许变"的游戏，约定彼此应该尊重的规则，把游戏中的规则意识迁移到遵守课堂规则中。

第三，儿童接受必要的约束、尊重必需的规则有一个过程，教师要理解和允许在这个过程中出现的反复，重在教育的过程，通过教育引导学生树立规则意识，学会尊重规则。

至于制度中的人性化要求，我在2012年第12期的《班主任》杂志上看到这样一个故事：

> 有一位班主任，他所在的学校紧邻着车水马龙的交通要道，曾有一段时间，学生迟到现象较多，于是他将解决学生迟到问题作为班级管理的重点来抓，不仅明示了最低时间界限，而且制定了严厉的惩戒措施。新方法运用以后，效果确实很好。但随后却发生了一件意想不到的事：一天早上，一名学生为了能赶在最后时限之前进班（或者是为了避免可能的惩罚），选择了危险的方式——穿越车流。悲剧在一刹那间发生了，孩子倒在血泊里。醒来后，他失去了双腿，永远都站不起来了。
> 
> 这次事件给这位班主任带来了巨大的打击，同时也让他痛苦地思考：管理究竟是为了什么？是什么原因使一个孩子为了不迟到而冒了如此的危险？在我们整个教育体系中，生命被置于什么样的位置？从此他不再用严厉的制度约束孩子，只是和孩子一起约定：我们一起努力去做得最好，如果做不到，没关系，慢慢来，后果并不严重，尤其是那些不属于道德问题的常规管理。

我想，尊重生命、尊重儿童、尊重成熟的过程的制度是更人道的制度。

## 二、课堂上出现意外怎么办

问：在一次很重要的公开课比赛过程中，一位三年级的小学生把大便拉在了裤子里，上课教师叫另外一位同学把她带到厕所里处理，然后继续上自己的课。评委在讨论这节课的时候，有的认为这样做不妥，有的认为可以理解。陈教授，你对此怎么看？你认为应该怎样处理？

回应：我以为不能只简单讨论上课教师如何处理，还应该讨论怎样避免在课堂上发生这样的问题，以及评委应该怎样评价执教教师在课堂上可能的处理行为等问题。

在课堂上出现这样的现象，学生身上可能既有生理原因，也有心理原因。生理原因姑且不论，从心理原因看，学生或许不知道自己身体的异样，不知道可以而且应该向老师说明自己的困难，或许怕同学们的嘲笑和老师的批评，等等。在这种种原因中，就三年级的学生上公开课的实际，怕影响老师教学、担心老师不允许、怕老师批评可能是一个主要原因。因为与平常课比较，公开课前很多老师都会给学生"打预防针"，学生在公开课上的顾忌更多，更不敢"乱说乱动"。除了这些原因，还可能是展示课上课时间过长，比如有的展示课是两节课连堂上，有的是拖堂严重。坐在教室里的时间过长，有的学生难免憋不住。

找准了原因，我们就可以找到避免出现这种现象的方法。比如：课前，告诉学生哪些行为是允许的，也就是要让学生知道自己有哪些权利，使他们能在课堂上主张自己的权利；在课堂上，教师要把关注点更多地从教学内容转移到学生身上，善于观察学生的异样，主动询问他们的困境，善解人意地理解他们，帮助他们排解自己的困难。把主要精力放在学生身上，这是成熟教师（乃至优秀教师）的一种品质，他们对教学内容烂熟于心，对教学进展有较强的调控能力。另外，教师要把握好上课的时间，不延时不拖堂，在连堂上课的中途要给学生去洗手间的时间。

再说课堂上出现了这样的问题以后老师如何处理。这位老师把课停下来，让另外的同学去关心和处理是一种可以选择的方法。除了这样的处理方法，如果是女老师（女教师有"母亲""姐姐"的身份认同优势，孩子容易接纳，男教师进行照顾则可能出现身份和角色上的尴尬），还可以先把课停下来，尽快安排好学生的自学活动，然后自己带学生去处理。在这个过程中，要根据实际情况（比如是否需要家长过来，家长是否能过来等）考虑是否和家长沟通。帮助学生清洗干净以后，要考虑学生是否可能因此感冒，如果条件允许，要考虑让学生更换衣物。尽快做完这一切以后，要征求学生的意见是进教室上课还是自己找一个地方休息。之所以要征求意见,是因为直接带学生进教室,学生可能会感到难堪,心里不舒服。在这里,保护学生自尊的方法是把选择的权利交给学生。如果学生不愿意进教室,要考虑委托给谁照管。

这样处理,或许有的老师会问:"课还上不上了?我准备的竞赛怎么办?"我承认这样处理会影响后面的教学进程,而且很可能使费尽心血准备的争取获奖的目标落空。但我个人以为,与完成预定的教学任务、获得优质课竞赛的奖励相比,这样的行为更有价值,更值得推崇和追求。我们平常说要确立合理的教育价值观,什么是价值观呢?可以说价值观就是一种价值优先性的选择和安排。比如,新课程提倡"知识与技能、过程与方法、情感态度与价值观"的三维目标,可以说三者都有价值,三者都很重要。但具体到我们每一位教师身上,对三者重要性和优先性的理解总是有区别的,这种差异就是价值观的差异。在这里,完成预定的教学任务和获奖是重要的,帮助学生摆脱困境、使学生感受到老师的关心和爱护也是重要的,我们如何选择?孔子用"先问人再问马"的方式为我们做出了指引,向孔子学习,我们需要先关心人,再关心教学任务和内容。也只有真正把学生放在第一位了,才算真正的以人为本,以学生为本。

有的老师可能会想:"我照顾了他一个,那么多同学我没有照顾到,怎么办?"我想说的是,在照顾这位同学的时候,我们不是没有照顾其他同学,我们可以让他们读读书、写写字、做做练习,这是其一。其二,以学生发展为本中的"学生"不是一个概念,不是一个没有个体的空洞的群体,它不能脱离一个个具体的人而存在。因此,关心学生要从每一个具体的学生着手,你关心了这一位学生,学生深受感动、铭记在心,他一辈子感谢你;受其影响,爱屋及乌,他会更喜欢你的教学。而其他同学看在眼里感同身受,他们会想:"这位老师这样帮助这位同学,我今后遇到困难了,老师也会这样帮助我。"有了这样的基础,在这一节课上他们会更自觉,在以后的教学中,他们会更努力,感情的融洽会使你的教育影响力产生效果。在以后的教学中,你可以期望事半功倍,你的学生也可以收获更多的成长和进步。

最后说一说公开课的评委应该如何评价上课老师这样的处理行为。我是力主给予这样处理的老师以更高奖励的。之所以给予这样的奖励,首先是因为其行为背后值得肯定的价值追求，其次是因为这样处理可能带来的更加理想的教育效果。

这里再说一说公开课比赛的标准。我以为现在的问题是关注教学目标（目标又主要集中在知识和技能上）、关注教学内容、关注教学手段多一些，关注师生在课堂上的生命和生存状态相对不足。推测原因，可能有这样两个方面：一是教育的价值观本身存在偏差，比如还是在看教师教得如何，而不是看学生的感受如何、收获是什么，或者只看学到了什么，没有看到学生在课堂上的状态和对教学的感受。二是教学目标、教学内容、教学方法的比赛可操作性强，更容易保证公正性，而师生在课堂上的状态和感受难以量化，操作性差，很难保证公平。优质课应该是师生有较高生命质量的课，把师生在课堂上的状态和感受纳入优质课的评价体系，对优质课的评委提出了更高的要求。这可能是我们需要研究的一个新问题。

第三讲

# 致力于幸福的教师生活

**本讲要点提示：**
- 教师幸福的权利和义务
- 幸福是人对自身生存状态的愉悦体验
- "幸福是一种能力"
- 穷则思变
- 创设有利于学生发展的课程
- 相关问题与回应

本讲我们将讨论如何追求和实现幸福的教师生活。讨论之前，我想请大家来听一听电视连续剧《北京青年》的主题曲：

> 多少人走着却困在原地，
> 多少人活着却如同死去，
> 多少人爱着却好似分离，
> 多少人笑着却满含泪滴。
> 谁知道我们该去向何处？
> 谁明白生命已变为何物？
> 是否找个借口继续苟活，
> 或是展翅高飞保持愤怒？
> 我该如何存在？
> ……

"我该如何存在？"这是对人的生存追求、生活意义、生命价值如何实现的追问。在追问"我该如何存在"之前还有这样的问题需要审视："我现在如何存在？"是不是"走着却困在原地"，"活着却如同死去"，"爱着却好似分离"，"笑着却满含泪滴"？

"我该如何存在？"我自己找到的答案是我要创造性、超越性地存在，我要追求幸福的生活。

> 就教师而言，追求和享受幸福生活是自己的权利，我们不能放弃自己的权利，也不容他人剥夺这样的权利。

# 教师幸福的权利和义务

## 一、幸福是人的权利

幸福是每一个人的权利。对于幸福生活的意义，亚里士多德认为，首先，幸福在所有目的中，是人生的终极目的。什么叫终极性呢？问一下自己需要什么，你可能会说"我需要爱情，我需要房子，我需要汽车……"而你需要这些东西，目的是什么？答案是"因为有了这些东西我可以幸福"。这样看来，其他东西都是手段，只有幸福才是目的，这就是幸福的终极目的性。了解幸福的终极目的性，其意义在于审视和梳理我们自己的生活，知道我们自己到底要什么。比如我们希望孩子考大学，但仔细考虑，我们就会知道考大学不管有多重要，它都只是手段，幸福才是目的。还有，挣钱只是手段，幸福才是目的。我们需要通过和借助一定的手段来达到幸福，但我们不能把手段当成了目的，忘了自己的根本。第二，幸福具有自足性。什么叫自足性呢？就是说有了幸福之后，除了还需要更多的幸福，我们就不需要其他的东西了。幸福能够给人一种满足感，感受到幸福的人内心更加宁静和平和。理解幸福的自足性，实际上就是学会感受幸福，有了幸福就要学会平心静气、学会知足。第三，幸福具有动力性。为了幸福，我们可以付出努力，可以克服困难。追求幸福可以激发人的潜能，使人朝着某个方向去努力。我们要知道，今天的很多困难是我们追求幸福所必须面对的，我们需要承受生活的压力。

关注人的幸福，我把目光聚焦在教师身上。首先，我是教师教育工作者，我应该关心和研究中小学教师的生存状态，帮助他们改善自己的生存追求和生存状态。其次，在和中小学教师接触的过程中，我感受到了教师的压力和痛苦，意识到教师的生存状态需要关心和改善。后来，当我看到美国心理学家教育学家杰罗姆·布鲁纳的观点——"为了儿童去牺牲成人或为了成人去牺牲儿童，其错误是相同的"，就更加意识到教育不能只是为了儿童，也要为了教师。

对教师而言，追求和享受幸福生活是应有的权利，我们不能放弃自己的权利，也不容他人剥夺这样的权利。

## 二、幸福是教师的义务

应该说，追求和不追求幸福本是个人的事情，比如我自己不想幸福，我愿意痛苦，这是我自己的事，旁人是不应该指手画脚的。为什么我认为幸福是教师的义务呢？这是从教师幸福生活的可能影响的角度来思考的。

英国哲学家大卫·休谟曾经说："凡是其本身讨人喜爱的感情必然地把它们自己传递给观察者，使他们融入同样的欢喜和心绪。对这种暖暖的情感的体验，会使我们自然地闪动着泪花，胸膛起伏，心潮波动，我们身体的每个柔和的人性原则都会受到驱动，并给我们带来最纯洁最满足的享受。"曾经看到一位六年级女生的日记："今天上数学课，我们老师拿着备课本，一副怒气冲冲的样子走进来。我看了都害怕。旁边同学悄悄告诉我，他上节课下课后在办公室里发火了。今天可糟了，千万别惹他。"可以说，教师的一颦一笑、喜怒哀乐都在学生的眼睛里，学生会根据自己的觉察，做出相应的反应。如果教师"怒气冲冲"，学生害怕被"无名火"烧及，就不敢与老师交流。有一首歌唱得好："你眉头开了，所以我笑了；你眼睛红了，我的天灰了。……你快乐，于是我快乐。"

我们自己也是当老师的，请你设想这样的情形：你的孩子要读书，有两个教师可供选择，一个阳光开朗活泼向上，一个麻木阴沉心理灰暗，你更愿意选择谁来教你的孩子？我问过很多老师，大家还是愿意选择阳光开朗的教师。接下来的问题是：既然你都希望自己的孩子遇到这样的老师，为什么你不选择成为这样的老师?

美国心理学家艾帕尔·梅拉比在一系列实验研究的基础上,在1968年提出一个公式:交流的总效果=7%的文字+38%的音调+55%的面部表情。尽管我对公式有一些不理解(比如,"面部表情"是不是改为"感情"更好?因为面部表情可能是不真实的,而感情却应该是真挚的。再比如,不同年段的学生对"文字"、"音调"、"面部表情"的要求和感受会不会不一样?百分比是不是该不同?),但"在一系列实验研究的基础上"的说法总应该有其合理性。如果把"文字"看成教学内容,把"音调"看成教学方法,把"面部表情"看成对学生、对教育的感情的话,我们会发现,很多教师眼睛还是在"芝麻"上——关注教学内容和方法,忽视了更大的"西瓜"——缺乏对学生和教育的热情或者说没有表达出这样的热情。这正是很多教师不够优秀的原因。可以说,教师只有被教学本身的魅力打动,带着这种被打动的情绪走进教室,才能真正打动学生。

美国散文家梭罗有这样的建议:"我们应该多多授人以我们的勇气而非我们的绝望,授人以我们的健康舒坦而非我们的愁容病态,当心别去传染疾病。"我们需要照照镜子,看一看是在给别人"勇气",还是在传播"疾病"?

曾经在《教育信息报》上读到过这样的故事:

某初中的一名青年男教师失恋了,心情非常糟糕。

一天,一位女生上课迟到了,看到老师在讲课,她怕打扰老师,就悄悄地走回了自己的座位,谁知这位男老师看到她后,马上勒令她站起来,说明迟到原因。女生说:"我昨天睡晚了,今天早上没起来。""你昨晚去哪儿鬼混了?晚上不睡觉……"女生备觉难堪。

不巧,第二天上学路上,自行车链子掉了,女生又迟到了。这次她看到老师在上课,想到昨天的尴尬,就没敢走回自己的座位,而是站在门口等。谁知老师看到她后,又沉着脸说:"来晚了还不快进来,卖不了的树杆子,你戳在那儿干吗?"

第三天,女生故意来晚,在这位男老师正上课时,她走进来对老师说:"你觉得我是应该在外面等,还是应该回座位?"男老师正觉得女生的口气有点奇怪，只见女生从书包里掏出一把菜刀，向老师砍了过去。最后老师连中三刀，住进了医院，女生也进了少管所。

因为教师幸福对学生成长具有积极意义，而教师不幸福则可能对学生造成伤害，所以我认为，幸福是教师的权利，也是教师的义务。教师幸福是学生之福、学校之福、社会之福。

"幸福是一种能力,没有能力就没有幸福。"幸福的教师在某一点上应该是相似的,那就是他们能胜任自己的工作,他们用自己的工作赢得了老师和同学们的信任与喜爱。

# 幸福是人对自身生存状态的愉悦体验

俄国作家列夫·托尔斯泰曾经说:"幸福的家庭都是相似的,不幸的家庭各有各的不幸。"幸福的教师有哪些相似之处呢?我以为,一是看待生活的态度和方式是相似的,二是他们自身的生存状态也是相似的。这样理解是因为我对幸福有这样的认识:幸福是人对自身生存状态审视后所产生的愉悦体验。

## 一、幸福的感受是主观的

对幸福的认识和理解,可以说是仁者见仁,智者见智。我认为,幸福既是主观的,又是客观的。从主观角度看,幸福是人的一种主观感受,是对自身生存状态的认识和接纳。比如我们讲环境影响人,决定人的心情,是不是这样呢?阳光明媚,柳暗花明,人走在这种环境下感觉很舒服,这是可能的。但是不是一定这样呢?不一定。当手中挽着心爱的人儿,走到这样的环境中,人是什么心情?然后再想,当对方走了,一个人走在这样的环境中,形单影只,又会是什么感觉?两者肯定是不一样的。为什么会这样呢?假如把环境当成A,把环境带给人的心情和感受看成C,是不是有了A,就一定产生C?不一定的,因为在A与C之中有人的认识和人所选择的视角B在发挥作用。B是我们赋予环境的意义,有了B以后,就不一定是C了,有可能会成为D。

可以说，不是环境决定你的心情，而是你赋予环境的意义、你的认识与视角选择影响你的心情，决定你的心情。

强调幸福的主观性有什么积极意义呢？我以为，那就是要明白幸福生活"一切全靠我们自己"，我们可以通过调整自己的生活追求、改变认识和理解生活的方法，去感受、去体验幸福。我想，幸福的教师在这一点上应该都是相似的，他们都有更为阳光的心态，都善于以更积极、更乐观的态度看待学生，对待生活。

我举一个如何转变视角看待环境的例子。有一位老师的学校原来是师范学校，后来转成了普通高中。在转成普通高中的时候，这所学校在应试教育方面一时不能和那些老牌的重点高中竞争，所以生源很差。2004年，他对我说："面对这么差的生源，你说我们怎么教？告诉你，每节课我还没有走进教室我就想着怎么出来，我还有幸福吗？"

我说："我能理解你的痛苦，但明天的太阳还要升起，明天的生活还要继续，你还要准备过明天的日子，你还要寻找自己的幸福。如果是我，我会想多亏有了这些学生。你想想，如果没有这么一些学生或者说这些学生学习都很好，都被重点学校招走了，你们学校招不到学生怎么办？你恐怕会想调动。调动不容易啊，多麻烦啊，要动用人际关系，说不定还要送礼。有些老师可能说'我不调动'，但这就要面临一个工资和奖金保障的问题。因为你已经没生源了，没学生了。现在你们有学生，工资有保障，说不定还有奖金，用不着时刻惦记明天的早餐在哪里。"他说："陈老师，要按你这么说，那还有什么想不明白的啊？"我说："你要是不这么想，光想着痛苦对你有什么好处？你总是要活下去的，为什么不更高兴地活？"

获得幸福的方法很多，其中一种就是把人幸福的时刻放大延长，把痛苦的时刻压缩变短。

我爱和教师们交流这样的生活经验：周围高山环绕，你大声地骂："你笨蛋！"结果是什么？是此起彼伏的回骂："你笨蛋！……"相反，要是你热情地呼唤："你好啊！"那周围的群山也会对你热情地呼应："你好啊！……"我想，说不定我们在抱怨"你们这些笨蛋，我怎么遇到你们啊，我真倒霉"的时候，学生可能在这样想："全国那么多的好学校需要好老师，你为什么不去？你也只配留在这个学校教我们这些笨蛋学生。"

遇到这样的情况，不如换一种心态：我们都在这个学校中，我信任你，尊敬你，我们一起共渡难关。其实，很多事例证明，我们认为学生笨，并非学生真的笨，而是我们的视野、标准和习惯性的看法，把他们归在了笨的这一类。尊重他们，重视他们，给他们一个机会，他们往往还我们难以预料的欣喜，我们可以收获被热爱、被尊重、被接纳。前苏联教育家阿莫纳什维利就说："谁爱孩子的唧唧喳喳声，谁就愿意从事教育工作，而谁爱儿童的唧唧喳喳声已经爱得入迷，谁就能获得自己的职业幸福。"

这就要求我们转变视角，拥有阳光心态。什么叫阳光心态？大家不妨想象这样一种情境：在一个山村里，周围都是泥泞的路，你在一个屋子里待了十多天，外面一直阴雨连绵。这天傍晚，天晴了。从窗户看出去，你看到满天的星星，你心里想，哎哟，终于晴了，明天可以出去大干一场了。你对明天是什么样的心情？你可能充满期望和感激。但有的人不这样看，他喜欢向地上看。他会想，在屋里憋了这么多天了，好不容易可以出去，可连着十多天阴雨，不知道外面多难走。因此，他又抱怨，又沮丧。想一想，我们是选择看星星，还是选择看泥泞？人们常说"人生不如意十之八九"，阳光心态是"常想一二，不思八九"——常想一二得意之事，不想八九不如意之事。

曾经收到一位朋友的邮件，他叙述了自己转变视角带来的状态改变："人生来就是解决问题的。这一句话是我在六年教学生活中真正体味到的一句话！从参加工作到现在，教学一直不顺，课堂总有这样那样的问题，每天总有这样那样的琐事还非完成不可，学校总会有这样那样的工作需要去比赛，去和别人竞争！有时候总会觉得自己挺没用，别人会把事情做得那么好，自己却总是一团糟，什么事情也不顺！就说备课吧，这样备课学生不听，那样备课学生纪律不好，怎么备怎么失败，想提高自己咋就那么难呢？但在今天回家的路上，看着路上的行人，看着一张张各种表情的脸，有的脸上的那种疲惫令我难受，难道我也会这样吗？人生来就是解决问题的，没有问题，没有疑惑，你就不会思考，不会进步！人生就是这样过来的！想到这里，我心情一下子就放松了，我还有那么多美好的日子，我要高高兴兴享受生活、享受人生。我会准备一个小本子，写上我的问题，写上我的观察。问题，以前你是魔鬼，现在你是我的好朋友，我们来比比，是你厉害还是我的脑子转得快！"

## 二、幸福的对象是客观的

但只说幸福的主观性是不够的，幸福的对象是自身的生存状态，人的生存状态是客观存在的，这使幸福具有一定的客观性。

也用一个例子来说。我一个学生的孩子要转学，我问转学的原因，她说她的孩子读小学四年级，放暑假之前，学校让三年级以上的同学都给自己的老师写一封信。她的儿子给教语文的张老师这样写："张老师，您辛苦了，这一学期为我们操碎了心，我希望您在假期能好好休息，散散心……"对教数学的李老师是这样写的："李老师，你知道吗，我们全班同学都不喜欢你，因为你不能很好地管理我们班的纪律，我们班的数学成绩越来越差……"我的学生跟我说，全班同学几乎都是这样写的，家长也跟学校说过几次，希望学校换数学老师，但估计下学期还是换不了，所以要转学。

两位老师，我相信张老师收到学生的信会感到幸福，而李老师就很难说自己的教育生活是幸福的。为什么呢？因为两位老师的教育生存状态有差异，这是一个客观的现实。也就是说，对幸福的教师生活，大家还是有一个比较一致的看法，有一个都认同的外在标准的。

通过这个故事，我想说："幸福是一种能力，没有能力就没有幸福。"幸福的教师在某一点上应该是相似的，那就是他们能胜任自己的工作，他们用自己的工作赢得了老师和同学们的信任与喜爱。

就课堂教学而言，我对教师的幸福生活有这样的展望：幸福的教师课前有期望，课中有创造，课后能审美。

# "幸福是一种能力"

赵汀阳在《论可能生活》中说："幸福是一种能力。"我很赞成这样的观点，至少可以说幸福需要能力。比如，要获得基本的物质生活资源就要有创造物质生活财富的能力，要获得舒适的人际环境就要有建立良好人际关系的能力，要获得创造性生活的成就感就要人有创造性生活的能力。从幸福需要能力的角度，我认为教师要有认识幸福、感受幸福和创造幸福的能力：第一，要正确认识幸福，知道自己追求的幸福是什么，有清晰的生活方向和目标；第二，要学会感受幸福，不要明明很幸福，很多人羡慕得不得了，还觉得不幸福，或明明比过去好多了，却体会不到，对幸福不敏感，身在福中不知福，有点贪得无厌；第三，要有创造幸福的能力，因为高层次的幸福感要靠自己去创造——"幸福不是毛毛细雨，它不会从天上飘下来"。

## 一、认识幸福

曾经有一位朋友说："我们不要用一生的辛苦忙碌攀登到人生阶梯尽头时，发现梯子搭错了墙头。"黎巴嫩诗人卡里·纪伯伦说："我们已经走得很远了，以至于忘记了为什么而出发。"我们追寻幸福，首先需要认识和理解我们所需要的幸福是什么。

弄清楚自己需要的幸福是什么，就需要价值澄清。美国20世纪有一个很有影响的道德教育流派——价值澄清学派，其领军人物路易斯·拉思斯在

《价值与教学》的序言中写了他儿时的一个故事：

> 72年前，我是纽约敦刻尔克的一名6岁的小男孩，正在第五公立学校读二年级。我养成了吮吸肘部的衬衫袖子的坏习惯。我为此遭到哥哥的嘲笑、逗弄，我的几个姑妈和叔叔也是如此。此前的一年，一年级的老师曾在数个场合命令我停止这样做。
>
> 接着，我就读于二年级，遇到了一位叫卡罗瑟斯的新老师。一有自由时间，我就开始吮吸衬衫。家母知道我尤其喜欢吮吸清洗得干干净净的衬衫，因此每当我回家吃中午饭时，她会保证我下午穿着刚洗涤干净的衬衫去上学。卡罗瑟斯小姐大概注意到了这一点，她常常沿着走道来回走动，并与个别学生交谈。一天，她来到我的课桌边，俯身靠近我说："路易斯，这是你最喜欢的姿势，是吗？"在接下去的一周里，我戒除了这一习惯，母亲向全家宣布我不再吮吸袖子了。

这告诉我们，很多时候我们并不知道自己到底需要什么，而当想清楚时，便会觉得曾经坚持的东西多少可笑和不值一提。因此，我们是需要对自己的想法和行为进行一下价值澄清的。

每一个人对生活的梦想是不一样的，但追求这样的梦想能实现生活的幸福吗？我们每一个人都需要这样的提问。

比如，曾经看到过这样一个故事：

> 有一位很善于赚钱的年轻人，在37岁的时候审视了自己所赚的一大堆钱后得出了一个结论，不需要再赚钱了，只需要好好生活就可以了。他买了一套海景房，躺在床上能听到海涛的声音，推开落地窗能看到在蓝天和大海之间银色的海鸥在飞翔。一天晚上，他的女朋友向他建议："我们两个人，住着这么大的房子，四个居室四张床，只睡一张床实在是太浪费，今后我们要轮着睡，每周至少把每张床睡一次。"

这是我们需要的吗？我们该认真想一想到底需要什么了。

## 二、感受幸福

在《渔夫与金鱼的故事》中，老太婆即便当了女皇，她也不满足，"我要做海上的女霸王，让我生活在海洋上，叫金鱼来侍候我，叫我随便使唤"，最后只落得"依旧是那间破泥棚"，"前面还是那只破木盆"。孔子说颜回："贤哉，回也！一箪食，一瓢饮，在陋巷，人不堪其忧，回也不改其乐。贤哉，回也。"这是一种感受幸福，善于发现幸福、体验幸福的能力。

诺贝尔文学奖获得者、法国存在主义小说家阿尔贝·加缪写过一篇《西西弗斯的神话》。故事取材于西方的神话。西西弗斯受到上帝的惩罚，上帝让他将一块巨大的圆石从山脚往山顶上推。可推到山顶，在西西弗斯转身时，这石头又滚到了山下。西西弗斯又得从山脚下把它推上去。可以说，上帝的惩罚意图很明显，是要用这种毫无希望的艰苦劳作，让西西弗斯屈服，让西西弗斯感到痛苦。这是惩罚他的一种方法。但是，在加缪看来，"这块巨石上的每一颗粒，这黑黝黝的高山上的每一颗矿砂唯有对西西弗斯才形成一个世界。他爬上山顶所要进行的斗争本身就足以使一个人心里感到充实。应该认为，西西弗斯是幸福的"。当西西弗斯每走一步都欣赏自己的力量，欣赏自己的创造时，在不把这种劳动当成痛苦而是当成一种审美对象时，加缪认为"西西弗斯是幸福的"。

我们的人生可能充满了痛苦，在创造幸福的时候，我们需要学习如何面对苦难。在苦难面前，我们需要西西弗斯的精神，这种精神就是要把痛苦的劳作看成一种英雄的创造，看成一种审美的对象。在这个过程中，体会劳动的快乐。这个时候，劳动就不是压榨我们的苦役，而是一种享受和创造。可以说，苦难本身不是不幸，不能领受苦难的意义才使我们感到不幸。这是《西西弗斯的神话》提供给我们的感受幸福生活的一种方式。

我以为，在生存和劳作中，我们需要学会分身：分身一个做事的"我"，即要有一个工作、劳动的"我"，这是一个实践的"我"，也是一个实现的"我"；分身一个指导做事的"我"，就是去琢磨，去思考，比如自己该做什么，怎么去做，这个"我"存在的目的就是让自己选择做正确的事，并思考如何正确地做事，这是一个思考的"我"，也是一个理性的"我"；还要分身一个是认识自我的"我"，这个"我"要观察"我"，正视"我"，欣赏"我"，鼓励"我"，为"我"寻找依归，这是一个感受生活快乐和幸福的"我"。

### 三、创造幸福

我个人认为，通过调整看待问题的方式所获得的幸福是层次相对较低的幸福，难免有阿Q精神胜利法的嫌疑，更高层次的幸福是创造性生存所带来的超越性幸福。

人的生存和生活不外乎两种方式。第一种是内化。什么是内化呢？内化就是占有和享受他人的劳动成果、文明成果，比如说我们要吃饭、要穿衣，是在占有他人的劳动成果，而看书学习，则是占有他人和前人的文明成果。内化使我们保存自己，丰富自己，改变自己，使自己变得有力量。第二种生存方式是外化。外化就是人通过实践的方式运用自己的力量，体现自己的价值。

我们可以从内化和外化两个方面来讨论如何创造自己的幸福。

内化的幸福是创新自我的幸福。商朝的开国君主成汤在洗澡盆上刻下"苟日新，日日新，又日新"的文字，就是为了提醒自己要更新自己、创新自我。这种更新不只是身体的洗浴，更是精神的成长，所以孔子才说："朝闻道，夕死可矣。"苏霍姆林斯基也特别重视这种探索真理的幸福体验："爱因斯坦说过，我们体验到的一种最美好、最深刻的情感，就是探索奥秘的感觉；谁缺乏这种情感，他就丧失了在心灵的神圣的颤栗中如痴如醉的能力，他就可能被人们认为是个死人。"

以我自己的体验抛砖引玉。2004年我早起上班，一位邻居看到以后，很同情地说："唉，又去上班啊！天天都这样。"面对邻居的叹气，我在想，你不知道今天我很幸福。之所以幸福，是因为我看到了一句话，想到了一个成语。这句话是美国课程专家小威廉姆E.多尔在《后现代课程观》中写的："如果后现代教育学能够出现，我预测它将以自组织概念为核心。"这句话给了我很大触动，也让我欣喜，因为我找到了引导教师学习的有效方式，找到了教师们在课堂改革中努力的方向。想到的成语是"杀鸡儆猴"。过去想向教师讲明白"生物系统是自组织的系统"，可一直没有好的例子，这一天想到了。你看，杀的是鸡，但让猴子看，警告猴子，于是猴子就知道收敛自己、调整自己。猴子调整自己的时候就是一个自组织的行为。用这个成语给教师们讲不是很有意思吗？想明白以后，我就盼望着有机会和教师交流了，上班就成了期盼。

不知道你们有没有这样的经历：当我们正在苦思冥想一个教育问题的时候，突然一下想明白了。这种明白会不会给你带来幸福？这是我寻找的第一种幸福，它是一种内化的幸福。比如观课，在观察老师上《坐井观天》的时候，我就在想自己是不是井底之蛙。当我突然意识到自己也是井底之蛙时，我再思考自己的"井"是什么。我想到的，一是身处的"环境"，二是天天坐在井里，认为"天只有井大"的经验。这样，跳出环境的"井"需要行万里路，跳出经验的"井"应该读万卷书。我意识到，尽管要跳，但我又只能是井里的"青蛙"。为什么呢？因为我们跳出这个井，外面是一个稍微大点的井，再跳还有井……人永远处在井中。但是我们还是要跳，这种跳是一种突破和超越。这是在听课中得到的收获。有了这种成长收获，就会获得一种心灵的震颤，这是触摸到某种真理后的快乐。

外化的幸福是创新世界的幸福。对教师来说，就是创新教学的幸福。现在我对教师幸福的课堂生活有这样的展望：

### 1. 幸福的教师是课前有期望

现在请你用这条标准，衡量一下自己，你是不是盼望进教室，盼望着能够早一点给学生上课？你有这样的心情吗？面对这样的提问，大多数教师都摇头。有一次，我还听到了一位教师的嘟哝："神经病！谁会盼望进教室？"

我是看过很多盼望进教室的老师的。曾经看一个小学语文老师很高兴地早早站在教室门口，我问他今天为什么这么快乐。他说："陈老师，我今天要上的课是《陶罐和铁罐》，这篇文章我过去上过几次，但是老没找到感觉。今天早晨，我边吃饭边翻课文，突然读到了两句话——'你敢碰我吗？陶罐子！'铁罐傲慢地问。'不敢，铁罐兄弟。'陶罐谦虚地回答。两句对话第一是称谓不同，铁罐叫陶罐'陶罐子'，陶罐称铁罐'铁罐兄弟'，称谓不同，反映出对的人态度不同；第二是标点符号不同，铁罐叫陶罐用感叹号，气势汹汹、恶狠狠、挑衅性的，而陶罐回应铁罐兄弟用句号，语态平和，息事宁人。这篇文章是以对话为主要特色的文本，我今天想把这两句话作为重点，让学生好好读一读，体会称谓不同，对人的态度不同，标点符号不同，说话语气不同。今天的课会不会有什么不一样的效果呢？我想来试一试。"

为什么这位老师盼望进教室？那是因为他对即将展开的教学有了新的认识，这是新知；在此基础上设想了一种新的教学方案，这是新事；希望新的行动给学生以新的影响，使他们产生新的变化，这是新人。有了新知、新事、新人的基础，教室里有一道新的风景等待自己去创造，去欣赏，教室就会变成有吸引力的地方。

那教师如何进行有效的创新呢？我想至少可以从这三个方面想一想是否能够有所改变：有没有新的教学内容可以补充？是否可以调整教学顺序，改变课堂结构？是否可以创新教和学的方法？我们要在这种改变和创造中，去感受自己的力量，去发现自己在改变和创造中所带来的新东西。

## 2. 幸福的教师课中能创造

他们能够胸有成竹、得心应手地回应教育情境和事件，能创造性地、高质量地完成教学任务。

曾经有教师跟我说："我们教的学生在偏远地区，基础差，成绩上不去，最恼火的是，学生生活在农村，不文明，不礼貌，不尊重老师。天天教着这样的学生，有什么幸福生活啊？"他举了自己的例子："我教初中政治，有一次正在课堂上讲得眉飞色舞、陶醉其中，突然听到有个学生说了一句：'老师，我看你懂得卵（注：在当地有"睾丸"的意思）多的呢！'我一听就愤怒，心想我为你们做了这么多，你却把我和那个东西联系起来。我马上批评他：'什么意思啊？你说什么？你给我再说一遍！你懂不懂尊重老师？你爹妈怎么教你的？没有一点礼貌！'当我这样批评他的时候，我发现他昂着头不服气。我后来一想，我不能够把后面的时间浪费在他身上。我就跟他说

'你给我坐下，下课后到我办公室来'。这个同学后来没到我办公室来，我就跟他们班主任说了，也不知道班主任是怎么处理的。第二次我到他班上的时候，发现那个同学用仇视的样子看着我，我心里在想：'你骂了我，不给我道歉，还这个样子！'最恼火的是他周围的那些同学一个个也怪怪地看着我。你说我天天接触这样的学生，还有幸福吗？我简直不想给他们上课了。"

听完他的故事，我问他："这个'卵'和男性生殖器有关系，这个意思我也明白。除此之外，还有其他意思吗？"这个老师想了一阵儿："在我们那里，说口头禅的时候会用到这个字。"我说："口头禅上的字可有可无，去掉它也不影响表达，我们试着把这个字去掉，你看看学生要说什么。'老师，我看你懂得多的呢！'什么意思？你在课堂上旁征博引，知识面丰富，学生被你深深地感动和感染，他不由自主地发出赞美和欣赏——'老师我看你懂得好多'，'我看你懂得真多哦'，这个'卵'是'真'，是'好'的意思。我看人家明明在拍你的马屁，你却要给别人一马腿，然后还要别人对你微笑，怎么可能？"

这个老师一想，也觉得有道理，就问："陈老师，当时我就没想到这些。唉！在我们学校实践当中经常会遇到这样的问题，你给我说说到底怎么处理这种事情更好？"我说："先说两条原则。第一条是慢慢教，只要不会出现伤害事件，我建议你教得从容一些，想明白再出手。第二条是你作为老师，对学生课堂上的行为要宽容、大度一些。我建议你先用善意的方式去理解学生的言行，而不要先恶意地揣测。"这个老师就说："陈老师，你就说说遇到这样的情况到底怎么办。"

我说："首先用眼睛盯住他。这里做有两个目的：第一，把他盯到心里发毛，这实际上就是促进他自我反省——'老师怎么这样看我，我是不是说错了？'说不定他会站起来说刚才是什么意思，这件事情也就过去了。第二，盯他的过程是为自己想办法赢得思考的时间。如果这个同学没有起来更正自己，我会怎么办？我会走上去问他：'同学，你是不是在骂我？'注意，这里有一个方式的变化，你之前在课堂上的处理行为表明你已经肯定学生在骂你，但我的建议是，一定不要在课堂上让学生得出一个印象——这个同学骂了老师。让学生得出这个印象，如果你处理不恰当，没有让学生受到教育，学生就会产生这样一种印象——这个老师可以随便骂。现在,我不能让学生得出这个肯定的结论,而是问他:'你是不是在骂我?'这个时候同学们就会由肯定变成询问。你说这个同学会怎么说?他一般会说:'老师我没骂你。'同学们也就知道了,不能骂老师。后面我就接着问:'没骂我,那你要说什么呢?能不能跟我好好说一说啊?''老师我认为你懂得好多,我认为你懂得真多。'这是学生发自内心的赞美,我可以满怀喜悦地接受:'谢谢你啊,快坐下。'然后可以跟全体同学说:'同学们你看,一个很好的意思,当他用粗俗的方式表达时,让人听着心里很不舒服。现在他用一种文明的方式说出来,心里感觉很舒服。由此看来,说话的方式很重要,大家要学会文明说话。'我们还可以把自身的情感变化、对冲动行为的克制作为课程资源贡献出来:'同学们,我跟大家说,开始听他那样说的时候,我很愤怒的,很想给他两巴掌。后来一想,我要问清楚再说,我这一问,发现他想的和我想的不一样。这件事情对老师来说是一种经验,对同学们来说也可以成为一种经验。今后遇到事情,不要太冲动,冲动是魔鬼。'"

我们大家都是做老师的,现在请大家想象一下,如果这个老师是这样处理的,他未来的生活将会有什么样的变化?我以为:第一,那个同学见到这个老师可能就不会恨了,或者至少说不会那么咬牙切齿了。他会亲近老师,而不是拒绝老师。第二,当同学觉得这个老师很好、很有水平的时候,他们会在课堂上更加认真地听课,课后也愿意在这门课上多花一些时间,这个老师的教学成绩很可能会上去。第三,老师对自身职业的自我认同也会发生一种改变,过去他会抱怨教的学生不懂礼貌,不尊重老师,成绩又不好,抱怨自己的教学环境太差,现在会变成什么?他会觉得面对这样的学生,自己也有水平、有能力处理好,自己真棒!这是自我效能在发生变化,它使我们更加自信,更加肯定自己的职业选择。第四,这样的故事应该把它写下来,并找一个有分量的杂志登出来。然后还可以把这篇文章拿去申报科研成果奖。有了这些条件,高级教师、特级教师都有了可能,而评上高级教师、特级教师,工资也就上去了,幸福生活是不是就从此开始了呢?

可能有的老师会说我说得太理想了。我想说,人不就是生活在理想中,活在希望中吗?潘多拉魔盒给人类留下的唯一一件礼物不就是希望吗?理想和希望一直是人类生活动力的来源啊！

### 3. 幸福的教师课后能审美

我非常主张老师们下课不要拖堂，经常拖堂的老师没有几个是被学生喜欢的。我建议大家按时下课以后，不要急匆匆地想着下一节课上什么，你要留个一两分钟时间，回忆一下刚才上课什么地方感觉很好，什么地方上得比较得意。我们要学会自我表扬。自我表扬实际上就是积淀自己对教学的信心和对未来的期望，让自己变得更加积极和主动。而没有这样的自我肯定，没有这样的幸福感受和体验，长时间陷在"我没有教好学生"、"我教不好学生"的道德内疚中，就可能使我们失去教学的勇气和信心。

这就是我所描述的能创造幸福生活的教师——课前有期望，课中有创造，课后能够审美。他们是创造性生活的人，而不是单向度的人。德裔美籍哲学家赫伯特·马尔库塞对单向度的人有这样的界定："单向度的人，即是丧失否定、批判和超越的能力的人。这样的人不仅不再有能力去追求，甚至也不再有能力去想象与现实生活不同的另一种生活。"

面对一时无法改变的外界环境，我们能不能先在接纳的基础上，想一想自己可以有什么样的改变？穷则思变！

# 穷则思变

和中小学教师交流，常常听到这样的诉苦："陈老师，你对教师幸福生活的刻画令人向往，可现实是老师面临太多的压力，学生档案啊，安全教育啊，各种检查和评估啊……实在没有精力来想自己的教学，也就没有时间来创造，幸福生活也就成了'画饼充饥'。"

我承认今天的教育环境有很多不理想的地方，我自己也在做着改变现状的努力。比如，《中国教师报》的一位编辑问我新年的愿望时，我说的就是"希望筑出一道'防火墙'"：新年就要到了，我的愿望就是能筑出一道"防火墙"，保护教师，使他们能少一些外在的干扰，能集中精力于自己的专业活动，在专业活动中赢得专业尊严和专业荣誉感。

对教育现状，我们不能定位于批判，而应该定位于建设。改变这样的现状，我们是不是可以在以下几个方面有所作为呢？

第一，能否在机构精简和优化上下一些功夫？教育行政部门和业务管理部门多了以后，每一个存在的部门都要用布置工作、检查工作来体现自己存在的价值，展示自己的权威，最后这些事情都要落到学校、落到教师身上。我自己当教师进修学校校长的时候，很想多做一些事，教研室也想多做一些事，电教馆也想多做一些事。大家都想多做事本是好事，但下面的学校和教师就可能受不住。当时有的学校上午要接待进修校的检查和评估，下午要接待教研室的考核，后面还有电教馆、教育科、督导室，等等。后来我辞职了，教研室和进修校合并，有朋友评价说我的辞职对几个机构的合并做了贡献。

我自己想，主要的作用是学校和老师的负担有可能减轻，不会再发生连续接受这三个机构检查的事了。

第二，教育行政部门能否发挥防火墙的作用？比如，能否对其他部门对学校、教师的干扰有所阻断？能不能加强检查的综合性，相关机构自己从中去分拣自己想要的信息，而不再借评估展示自己的权威瞎折腾？能否就某些项目做基于某种标准的合格评估，不做没有实际意义的选优评估？

第三，学校和教师能不能把有些检查看得轻一些、淡一些？对没有实际意义的检查能不能采取应付的措施？做校长培训，我很想专门组织一次"校长怎样面对上级的评估取舍""校长怎样应付上级部门"的研讨，从中分享一些经验，帮助那些还不会取舍、不会抗拒、不会应付，自己痛苦、老师跟着受累的校长。我知道"应付"本身是一个不负责任的词，但在今天这种教育管理体制和管理方式下，不学会应付，老师就会不堪重负。这样一想，又觉得学会应付是对教师的爱护，是对教育的负责任了。

但现在的情况是，很多外在的环境一时改变不了。那怎么办，我们能不能自己做出一些改变呢？

曾经有老师问我："我一个星期二十节课，每天上完这些课，还要改200多人的作业，一点时间都没有，晚上才回家备课做课件，我也很想让自己多看书，多看看别人的教学心得，上网查查资料，找些很好的例题，好好备出高效的教案，可我觉得光是这些课都应付不过来，质量上怎么保证呢？"

我以为老师们一定要学会"穷则思变"：遇到困难了，过去的方法不管用了，那就需要改变了。比如，200本作业是不是一定要自己改？我们可以研究一下改这200本作业到底起了什么作用，对学生有多大价值，花这么多的时间和精力到底值不值，有没有费时更少、强度更低、效果更好的方法。另外也要研究一下20节课怎么上才能让学生学得更好一些，自己教得轻松一些。

办法总是有的。有这样一个故事：

美国伯利恒钢铁公司总裁曾因为公司濒临破产，而向效率管理大师艾维利咨询求助。听了总裁一个多小时的倾诉，艾维利说："这样吧，我给你一个方法。"艾维利拿出了一张白纸，请总裁把他第二天要做的全部事情写下来。几分钟后，白纸上满满记录了总裁先生几十项要做的工作。这时，艾维利请总裁认真考虑，并要求他按事情的重要顺序，分别从"1"到"6"标出六件最重要的事情。同时告诉他，请他从明天开始，每天都这样做：每天一开始，全力以赴做好标号为"1"的事情，直到它被完成或被完全准备好，然后再全力以赴做标号为"2"的事，以此类推，直到下班为止。如果你一天只做完了第一件事情，那不要紧，因为你总是做着最重要的事情。艾维利还建议他，如果这个方法有效，可将此法推行至他的高层管理人员，若还有效，继续向下推行，直至公司的每一位员工。一年后，艾维利的方法在伯利恒钢铁公司产生了巨大的效果。

这是一个对事情分出轻重缓急、把握重点和关键的方法。

再比如，现有的考试，大多是老师把试卷抱回去，改出来以后发给学生，这时学生就可能只关注得了多少分，对于问题已经没有研究和改进的积极性了。改一改：考试结束以后，在教室里张贴出准备的参考答案，刚考完的学生可能蜂拥而上，他们会及时检查和反省自己做卷过程中的思路和得失，发现和改正自己的不足和缺陷，说不定就会有不一样的效果。

我的学生曾经讲过这样的故事：

> 在培训学校上课，我很恼火自己的身份：孩子们的成绩没有提升，上课时他们又调皮不听话，家长一次次打来质疑电话要求换掉我……那段时间我真的特别苦闷，觉得自己把教育热情都用光了，认为自己可能真的不适合当老师甚至想过转行。每次只要一想到要上课了就胃疼头痛肚子疼，上课也是强装欢颜，心里盼望早点下课。我想，当时我的情绪一定也感染到了我的学生们，他们几乎也都无精打采。
>
> 让我改变的是一个学生，他是个让很多同事恼火的学生。恰好那天我刚上完课要接待他，那一周我们在教育学上学过一个案例，我就现炒现卖地拿来用在他身上。我用调皮可爱的口吻先和他聊天，甚至和他做

一些性格测试，然后像模像样地和他分析。他从敌视的状态转变为亲切。教学时我选了一个他最头痛的问题，用最简单形象的方法给他讲解。结束时他说："李老师，以前我上其他老师的课都觉得度日如年，可上你的课我觉得咋那么有趣、那么快呢？"那时候我忽然觉得自己有价值了。他妈妈给我打电话说他回家时特别高兴，要求我一直带她的儿子。那天我心中涌满了甜蜜——一种被人认可、被人需要的满足感，虽然我不可能决定孩子的成长，可孩子却因为我的影响而变得美好。那时候我觉得自己很重要，同时我反思我的教学：为什么我教其他的学生不是这样的呢？我发现因为时间的关系我几乎没有和他们有过多的情感交流，我讲课可能太难或是太枯燥，不能引发他们的兴趣。

从那以后，我认真备课，上网查很多的资料，甚至站在他们的角度预设学习会有什么难度，怎样讲解会更简单易懂，用什么方法语言会让他们觉得有趣。每上一次课我都会记录孩子们的表现和作业情况，每上完一次课我都会写一个总结。我发现这使自己在教学上越来越得心应手，孩子们更喜欢我了，家长都改变了原来的态度。现在的自己真切地感受到当老师是一种幸福。每一次我都期待着走进教室，期待着看到自己的教学效果。

这位老师的故事可以给我们这样的启示：因为我们需要这份工作，所以如果在工作中不幸福、不快乐就一定要有所改变。在改变过程中，要相信理论，相信他人的成功经验，可以说读书和学习都是"信则有，不信则无；行则有，不行则无"，我们不要固守自己过去的经验——"天不过井口那么大！""我天天坐在井里，我是不会错的。"要学会反思，通过反思改进教学，改变教学。对于教育中的变化，我们要用心感受，这样才能发现幸福，才能体验幸福。

培养出优秀的学生固然让我们自豪和骄傲，但更要想一想学生的学习生活怎么样，想一想我们为他们提供了怎样的课程。

# 创设有利于学生发展的课程

曾经有老师问我："我觉得自己是一个认真负责的老师，可是我所在的学校是郊区学校，学生的学习习惯不好，考试成绩和城市里的学生差距很大，但校长经常把我们的成绩和城市里的比较，我们没有成就感，这是我们不幸福的一个原因。还有，有几位大学的同班同学，读书的时候并不怎么样，毕业时有关系分到城市里比较好的学校教书。二十年过去，大家开同学会，他们说起自己的学生中有多少重点大学的学生，趾高气扬的样子，我们在农村工作的这些同学被比得灰头土脸。陈老师，你怎么看待这样的现象？"

怎么看待这样的现象呢？

首先我能理解这老师的心情，但我想先说说应该如何看待自己过去的同学。我觉得还是要用发展的眼光来看，我在读中师的时候，班上一位同学并不专心学业，毕业20年后当上了教育局副局长，开始自己也以为别人是运气好、有关系，后来和当地的一些老师交流，发现我的这位同学口碑极好，都说既懂教育又务实，我才知道人是会变的。比如你的同学在名校能被安排到重要的教学岗位，本身也得有水平，能胜任才行，仅这一点就值得尊重。所以还是不要用"过去我如何如何，他不过如此"的心态来看今天的成就，这样你才能心平气和，接受现实。

再说一说教师的成就感在哪里。我毕业教的第一届高中毕业生在毕业20年后聚会，请我这个教过他们地理的班主任吃饭，同学们热情地劝我喝酒。喝过两杯以后，我突然想到了这样的问题：我是否配享受他们的尊重？我是否够资格喝他们敬的酒？难道仅仅当过班主任，仅仅给他们上过课就能心安理得地享受他们的尊重？当时心里就很忐忑。后来回到家仔细想一想自己和他们的交往，对自己当班主任的工作很是惭愧，觉得很多地方做得很不好，也伤害了一些同学，就想下一次要向这些同学道歉。但就地理教学而言，我觉得自己做得还不错，比如我曾经用分步信息输入教学方法教他们锋面雨的概念，采用过图导式教学模式教日本工业特点，用数学证明的方法教正午太阳高度角的计算，借助化学实验的仪器教澳大利亚自流井盆地的成因和特点，也曾经反复思考如何教好地球公转产生的地理意义……这样想过以后，觉得下一次如果他们再请我吃饭，我就可以坦然一些了。

讲了这样的例子，想说的是什么呢？那就是我们要把教师成就感和荣誉感的获得从学生是否成为优秀人才上转移到向学生提供过什么样的课程上。我们可以把学生成才看成自己的光荣和骄傲，也要尊重培养了优秀人才的教师们，但更需要把目光放在自己曾经为学生创造过怎样的教育环境、组织过怎样的学习活动上。不然，在边远地区工作、和智障儿童一起的教师，就很难获得成就感和幸福感，也很难找到专业自尊和教师的荣誉。

# 相关问题与回应

问：陈老师，过去我们唱"学习雷锋好榜样"，现在我们说"学习雷夫好榜样"，雷夫·艾斯奎斯是美国洛杉矶的一位小学教师，他因为《第56号教室的奇迹——让孩子变成爱学习的天使》和《第56号教师的故事——雷夫老师中国讲演录》等著作而成为很多中国教师的榜样。对于雷夫在中国的教育演讲，我注意到，有的报道说，雷夫认为"所有孩子都是可以被拯救的"，而有的报道又说，"雷夫承认，教育并不能拯救每一个孩子"。你怎么看待教育是否能拯救孩子？你如何评价这一现象？我想说我的问题并不是和教师幸福无关，它和教师的自我认同、社会评价有关，和教师幸福有关，所以我希望你能对这个问题作出回答。

回应：谢谢你问题，我很赞成你的看法，这个问题和教师幸福生活关系很大。

从雷夫整个交流的话语看，我认为"教育并不能拯救每一个孩子"才是雷夫的本意。《杀死一只知更鸟》是深刻影响雷夫的一本书。这本书中有一位律师为一位被控强奸的黑人辩护，这位黑人是无辜的，但当时美国种族歧视很严重，律师知道他的辩护注定赢不了，但他仍然接下这个案子进法庭为无辜的黑人辩护。"赢不了"也就是改变不了，但不能不去做自己该做的事，也就是要努力去改变，这才是雷夫自己的精神力量和信念。

而且雷夫自己也说过让自己感到痛苦的例子："我的学生中有人狱的，也有几个死于帮派之间混战的。就在几年前，我的两个学生满脸笑容地坐在我的教室里参加活动，毕业时还给我写了感谢短笺，并承诺未来秉持一贯的和善与勤奋。但在某一天的下午，这两个学生带着烟幕弹回到母校，向教室投掷烟幕弹,并恣意毁损公物,连同很多教师的车辆也因此遭殃,我的车是他们下手的第一个对象。"正视这样的现实,雷夫才说:"有报道称,我能拯救每一个孩子,但这不可能,我只能提供更多的机会让孩子自己拯救自己。"提供更多的机会是什么?我以为就是提供更好的课程。尽力提供更好的课程,这是教师的责任和使命。提供更好的课程以后,教师既不要贪学生成才的天功为己有,也不要去承担学生不成才的无限责任。

我想,"能拯救"是一种信念,当老师的要怀有这样的信念,尽一切可能对每一个学生不抛弃、不放弃;"不能拯救"是一种结果,是承认学生成长中的复杂性、影响因素的多样性,要不气馁、不沮丧,不失去当教师的勇气和信心。

雷夫自己说"我不是英雄,只是一个普通老师",我认为雷夫不普通的地方是他身上的英雄精神和气质。

2004年,在给同学们讲师德修养时,我曾经给同学们朗诵余秋雨先生《山居笔记》中《千年庭院》的片段。在这篇文章中,余秋雨先生写了朱熹在长沙办岳麓书院时受到诬陷和被朝廷迫害的故事。文章末,余秋雨先生有这样的感叹:"我到很晚才知道,教育固然不无神圣,但并不是一项理想主义、英雄主义的事业,一个教师所能做到的事情十分有限。我们无力与各种力量抗争,至多在精神许可的年月里守住那个被称作学校的庭院,带着为数不多的学生参与一场陶冶人性人格的文化传递,目的无非是让参与者变得更像一个真正意义上的人,而对这个目的达到的程度,又不能企望过高。"

给学生介绍这些东西,是希望学生认清教育的真相,认清教师能够坚守的根本,使他们不至于对现实抱有不切实际的幻想。没有想到,一个学生在后来的作业中这样表述:"教师不仅仅是一种职业,不能说只要在这个岗位上就配称'教师'。教师要体现一种精神。尽管教育不是理想主义、英雄主义的事业,但教师不能没有理想主义、英雄主义的精神。"对这位同学的看法我极为欣喜。受他启发,我开始思考教师的理想主义和英雄主义精神。这也算教学相长。

教育寄托人类理想,教育要培养和造就人类的未来一代,教育就需要面向未来，就需要理想。尽管在社会普遍功利的时代，理想主义已经渐行渐远，但教育的本性决定了没有理想就没有教育，所以现在我们还或多或少可以看到理想主义的影子。而对于教师的英雄主义精神，坦白地说，自己过去没有想过。这次经学生提醒以后，放眼看一看，似乎比理想主义更为稀缺，仔细想一想，似乎比理想主义更为宝贵。

我个人的看法，如果把理想主义看成一种始终对现实缺陷感到不满并渴望更为美好的未来的态度和追求的话，英雄主义则是为了实现更美好的未来在现实的种种局限中的不屈和抗争的行动与努力。英雄主义是什么？是清楚地认识到努力的结果以后的坚持，是人认识到自身的局限但仍然致力于突破局限的与命运的抗争，是明明知道不可能追到太阳但仍然苦苦追寻太阳的夸父，是可以肯定不能使大海变成陆地而始终不渝竭力填海的精卫，是清楚地认识到"不说就会被打死"以后选择"打死也不说"的壮士和英烈，也是鲁迅先生的"肩住了黑暗的闸门，放他们到宽阔光明的地方去"（《坟·我们现在怎样做父亲》）……

在平凡的教育工作岗位上，与学生交流和接触，教师很难轰轰烈烈，似乎与英雄不沾边。但我以为，就英雄主义的本质——不屈与抗争，知其不可为而为之，在自己尽可能的条件和范围里超越和突破来看，教师的英雄主义精神又委实弥足珍贵，因为教育要实现人类理想，而在实现理想的过程中，我们会面对种种困难和局限，我们很清楚自己的努力不能改变这个世界，不能达成我们理想的教育，但我们不能不向着"光明的地方"，不能不有所坚守和坚持。

就养成英雄主义的气质和精神，我推荐两个材料请大家看一看。

第一个材料是对美国总统奥巴马的人生产生影响的一次布道。

奥巴马在他的自传《奥巴马回忆录：我父亲的梦想》中，曾把一幅画和围绕这幅画的布道看作他人生的转折点。这是英国画家乔治·弗雷德里克·瓦兹一幅名为《希望》的画作（见图六），画面上一个年轻女子坐在象征世界的地球上面，身体向前倾斜，低垂着头，眼睛被蒙上绷带，手里弹拨着仅剩下一根弦的古希腊七弦琴，并俯身倾听这根弦发出的微弱乐音。画家的意图是表现人类直到最后也不能丧失希望。耶利米·赖特牧师在布道中以"无畏的希望"对此解析:"虽然这名女子身上有着瘀伤和血迹,穿着破烂不堪,竖琴也只剩下一根弦,她就好像是广岛或者沙佩维尔(沙佩维尔为南非城市,曾发生种族屠杀)的受难者,但是画家仍敢于把这幅画名为'希望'。虽然世界被战争撕裂,虽然世界被仇恨摧残,虽然世界被猜疑蹂躏,虽然世界被疾病惩罚,虽然在这个世界上充满饥饿和贪婪,虽然她的竖琴被毁坏得只剩下一根琴弦,但是这位女人仍有无畏的希望,在她那仅存的一根琴弦上,去弹奏音乐,去赞美上帝。"

图六　《希望》

我们需要永远怀揣着这样的希望和梦想,无论面对怎样的艰难和痛苦!

第二个材料是特蕾莎修女的信念:

　　如果你行善事,人们会说你必定是出于自私的隐秘动机。不管怎样,还是要做善事;
　　你今天所做的善事明天就会被人遗忘。不管怎样,还是要做善事;
　　如果你成功,得到的会是假朋友和真敌人。不管怎样,还是要成功;
　　你耗费数年所建设的可能毁于一旦。不管怎样,还是要建设;
　　你坦诚待人却受到了伤害。不管怎样,还是要坦诚待人;
　　心胸最博大最宽广的人,可能会被心胸狭窄的人击倒。不管怎样,还是要志存高远；

　　人们的确需要帮助，但当你真的帮助他们的时候，他们可能会攻击你。不管怎样，还是要帮助他人；

　　将你所拥有的最好的东西献给世界，你可能被反咬一口。不管怎样，还是要把最宝贵的东西献给世界。

**这就是英雄的精神和气质！**

# 第四讲

# 教学内容的研究和处理（上）

**本讲要点提示：**
- 先要选好撒播的"种子"
- 关于教材和教学内容
- 教学要帮助学生学"生"
- 相关问题与回应

1981年秋，我还是四川省中江师范学校的学生，我们到中江县实验小学见习，上示范课的老师讲《插秧比赛》，人很漂亮，讲课也很精彩，在我们眼中惊若天人。课后讨论，实验小学的老师和我们这些未来的教师都对教学赞不绝口。然后是带我们实习的罗旭光老师发言，一番肯定以后，他说："在插秧比赛中，应该抓住的关键是什么呢？应该抓住的是'比'，插秧能'比'的是什么？无非就是比速度和质量，如果依此梳理比什么、谁在比、用什么比、比的结果是什么，就可以起到提纲挈领的作用。另外，我们要想一想教材为什么要编入这篇课文，为什么课文中选择有经验的老农和才毕业的中学生比，为什么要用插秧机。这说明比的不是插秧，而是在比经验和科学。因此教学内容中应该包括科学就是力量的价值观念。"真是"拨开乌云见青天"、"一语惊醒梦中人"，这奠定了我的一种基本价值观念：教学内容的合理性追求应该优先于教学方法的有效性选择。教学内容的研究和选择是课堂教学的基础与重点。

教学目标和教学内容的合理性追求应该优先于教学手段和教学方法的有效性选择，选择合适的教学内容就是选择合适的"种子"。

# 先要选好撒播的"种子"

在教育更像工业还是更像农业的隐喻选择中，我们将更倾向于选择教育像农业的隐喻。说教育更像农业，是因为教育不是加工塑造，而是促进生长。用农业做教育的隐喻，我们先要看土地、气候等耕种条件，看适合耕种什么；然后需要选好种子；接下来才谈得上如何耕种。从这种意义上，我认为，教学目标和教学内容的合理性追求应该优先于教学手段和教学方法的有效性选择，选择合适的教学内容就是选择合适的"种子"。

为了更好地帮助大家理解这个观点，也为了大家理解我们目前在这个问题上的欠缺，我想拿出这样两个例子。

第一个例子是德国导演丹尼斯·甘赛尔拍摄的电影《浪潮》。我请有兴趣关注教学内容研究的老师们看一看这部电影。

《浪潮》的真实故事发生在美国。1967年4月，加州帕洛阿尔托市库柏莱高中的历史老师罗恩·琼斯为了让学生们亲身体会纳粹极权运动的恐怖，他大胆地设计了一个实验，让学生们模仿纳粹党徒，在班里发起了一个微型的极权运动，没想到几天之后，就有越来越多的学生加入其中，大家逐渐陷入一种难以自拔的极权狂热中。直到最后，琼斯给学生们播放记录纳粹暴行的图片，惊愕的学生们才戛然而止。电影《浪潮》把地点从美国换成了德国，基本上保持了教学活动的真实性：赖纳·文格尔是德国某所高中的老师，该学校正在进行"国家体制"的主题活动周。由于他最喜欢的"无政府主义"课被另一位老师捷足先登，因此他只能主讲"独裁统治"课程。对自由散漫的学生们来说，任何课程都只是为了学分而上。他们在课上大声聊天，无心听讲。文格尔别出心裁提出假想"独裁"的实验。在为期一周的实验中，文格尔被置于至高无上的地位，学生们对他要绝对服从。从最初的玩乐心态，这些青年男女渐渐沉湎于这个名为"浪潮"的组织中，他们体会到集体和纪律的重要性，却在不知不觉中滑向了"独裁"与"纳粹"的深渊……

通过电影，我意识到，从教学方法看，赖纳·文格尔采取的是参与体验式，确实把学生吸引到课堂上了，但体验"独裁"的内容却让同学们陷入难以自拔的极权狂热中。电影的结尾和真实情形大相径庭，它更具感染力和震撼力，它提醒我们：教育不能不优先考虑撒播的"种子"。一方面，撒播什么样的"种子"，就可能结出什么样的"果"；另一方面，在学生心田上撒播"种子"以后，教师对其"生长"和"发芽"很可能难以控制，教育不能不谨慎，做教育的人不能不对"教什么"怀有敬畏之心！

第二个例子是在网上观看教学视频时发现的。这是一次省级青年教师优质课赛课活动，多位教师执教八年级的《加权平均数》。在第一位教师的课堂上，我看到了这样的例题：

学校广播站要招聘一名记者，小明、小亮和小丽报名参加了三项素质测试，成绩如下表：

| 姓名＼科目＼分数 | 采访写作 | 计算机 | 创意设计 |
| --- | --- | --- | --- |
| 小 明 | 70 分 | 60 分 | 86 分 |
| 小 亮 | 90 分 | 75 分 | 51 分 |
| 小 丽 | 60 分 | 84 分 | 78 分 |

如果把采访写作、计算机和创意设计按 5：2：3 的比例计算三个人的素质测试成绩，那么谁将被录取？

看到这里,我心里颇感不解:在日常的人事招聘中,应该是先定标准和规则,面向社会公开程序和标准,然后再组织招聘;报考者也应该是先看到规则,再根据自己的兴趣、能力和水平应聘。这里为什么要先有测试成绩,再来考虑标准和权重?这在程序上,是不符合公正招聘、按原则和标准招聘的规范的,程序的不合理可能导致公正性的丧失。

接下来的教学使我明白了,把这个"如果"放在数据之后,是因为处理了这个"如果"以后,后面还要利用这一组数据,处理下面的"如果":

如果最终录取的是小明,学校在计算他们的成绩时赋予这三项测试成绩的权可能是多少?

在这里,先出示数据,然后利用这一组数据分不同情况讨论不同的权重会导致的不同计算结果,从学习数学知识和数学方法的角度,应该是没有问题的。但问题是,数学课上的数据大多不是孤立的数据,而是有背景的数据,生活中的背景赋予数据以生活的意义。因为数据本身潜在的意义,教学中对数据的选择和取舍、对数据的认识和理解就有了学数学知识以外的生活意义和文化意义。

在这个案例中,按照"采访写作、计算机和创意设计按 5∶2∶3 的比例计算三个人的素质测试成绩"的规则,小亮的成绩最高,自然该录取小亮,这是不应该出现"最终录取的是小明"这种结果的,因为在实际生活中,我们不能视规则为儿戏,不能不讲规则,教学应该培养学生尊重规则、遵守规则的意识。现在,规则不被遵守——"最终录取的是小明",这本身是对公正性的侵害。公正性被侵害以后又要找出一个能自圆其说的方法——"学校在计算他们的成绩时赋予这三项测试成绩的权可能是多少"。这是不是现实生活中在用说得过去的规则掩盖某些潜规则的翻版?这样的处理会不会在学生心中埋下研究潜规则、设计潜规则、破坏公正性的种子?

学生会不会对这样的教学产生这样的误会?如果可能产生这样的误会,会带来这样的结果,教育是不是在带来某种反教育的结果?如果真有这样的可能,我们的教学是多么得不偿失,因为幸福原则和公正原则是人类伦理的两个最基本的原则。

对这一教学内容还有没有其他的选择呢?接着看了几位老师。第二位老师用着同样的题目和数字,也提出同样的两个问题。第三位老师的题干相同,但没有第二个"如果"的问题了。第四位老师也没有第二个"如果"的问题，在后面的教学中安排了以下的学习任务：

> 某公司欲招聘销售员、网络管理员、新产品研发员三名工作人员，对所有应聘者均进行创新能力、计算机能力、沟通能力、合作能力测试，并据四个成绩评定综合成绩，决定聘用谁。
> 
> 请从销售部经理、新产品研发部经理、网络维护部经理中选择一个身份制订方案，为你部门招聘合适人选。

相比较，我感觉这样的学习活动更有价值，因为除了能学到和运用数学知识，而且可能内蕴着其他的东西，比如知识的意义和学知识的方法——如果你当了某个部门的经理，你要根据不同岗位，区分能力的重要程度，根据重要程度赋权。体会到加权平均数的学习是将来生活所需，所学知识有意义和有价值，同时也要学以致用，联系生活实际。再有，这样的设计还隐含着实际的用人重在能力而不在文凭，这可以启示学习者在学习中不要只关注知识，还要关注自身能力的培养。还有，不同的岗位需要不同的能力，人的能力是有差异的，我们需要发现自己的长处，根据自己的能力选择合适的岗位……

当然，对于题目中蕴含的这些观念和思想，数学课上不必让学生对这些问题都展开讨论，不然就不是数学课了。但作为教师，我们对教学内容中潜在的文化价值应有所意识和选择，要"随风潜入夜，润物细无声"。

后来再一想："权"是什么，就是衡量重要程度的指标。在学习加权和赋权的时候，我们是不是也可以引导学生认识并争取自己的权利？同时在争取权利的时候，又要学会合作和妥协，用协商的方式解决权重争取中的矛盾和冲突？出于这样考虑，还应设计下面的问题情境：

> 学校要对教师的课堂教学进行评价，参与评价的对象包括校外聘请的教学专家、同行教师、执教教师自己、授课班级的学生。请从中选择一类角色，设计一个综合评定的赋权方案。

然后，组织同学进行小组交流、讨论彼此的赋权方案。

一些教师没有认真研究教学内容，课堂上出示了很多学习材料，设计了很多教学活动，学生也做了很多练习，但基本的教学内容没有抓住，学生没有实际的、有价值的提高和收获，这既是教学低效、质量低下的一个原因，也是学生不喜欢学习的一个原因。

# 关于教材和教学内容

　　我们不能把教材和教学内容等同起来，可以说教材仅仅是形成教学内容的一个载体，作为发挥实际作用的教学内容，其特性不同于教材内容。我们来看两个例子。

　　第一个例子是某数学教材中的一道练习题（见图七）。题目要求学生在方框里填上数字，在圆圈里写上运算符号。

图七　某数学教材中的一道练习题

学生大多这样做：

左图：3×5＝15 或 5×3＝15

右图：5 + 3 = 8 或 3 + 5 = 8

对右图，也有学生通过圈划，写成 4×2 = 8 或 2×4 = 8 的。

这是教材和学生完成的情况。问题是：这里仅仅是让学生知道 3×5 = 15 和 5 + 3 = 8 吗？通过这样的学习活动应该让学生学到什么？

什么是教学内容呢？简单地说，学生应该学到的就是教学内容。也可以说，教学内容是教师在备课和教学活动中动态生成的，需要学生学习的知识、技能和行为经验的总和，它是教学中的基本活动内容，也是实现教育目标的基本保证。

就教材与教学内容的关系看，教材是蕴含着教学内容的载体，教师需要研究教材，根据学生的实际选择教学内容，并把教学内容蕴藏在教育活动中，然后围绕教学内容组织学习活动，实现教学目标。可以说，教材只是提供了特定的题材和素材，对特定题材和素材中应该教什么、学什么的内容的选择和确定就是教学内容的研究。法国社会学家涂尔干认为："教育本身不过是对成熟的思想文化的一种选编。"教师研究教材就是对课堂教学内容的选编和组织。

以此为例，我以为这里的教学内容不只是用 3 或者 5 的乘法口诀进行计算、学会计算，只教到这个水平是没有认真研究教学内容的教师。更重要的教学内容应该是学生要比较什么时候用加法，什么时候用乘法，以此巩固乘法的意义。我们可以想一想，为什么右图不排得整齐一些？根据知觉的加工性和整体性，在左图中我们知觉的东西可能是一共 5 列，每列 3 个，或者 3 行，每行 5 个，这里是 "3 个 5"，或者 "5 个 3"，求它们的和，应该用乘法。在右图中知觉到的东西可能是两行，第一行是 5 个，第二行是 3 个，有了这样的加工基础，我们就会说右图的人数是 "5 和 3"，应该用加法。因此这里的教学内容应该是让学生知道什么样的情况下用乘法，什么样的情况下用加法，要先找对方法，然后再计算。围绕这样的教学内容和目标施教，就一定要扣住 "我看到 3 个 5，所以用乘法"，"我看到 3 和 5，所以用加法" 的内容来交流。对于右图，有的同学处理成 4×2 = 8 或 2×4 = 8，行不行呢？当然可以，要尊重学生个性化的知觉加工方式。知觉加工方式不一样，但基本的教学内容是不变的，对于处理成 4×2 = 8 或 2×4 = 8 的，也要引导学生说出"我把他们看成 4 个 2，或者看成 2 个 4，我用乘法的方法计算"。这是扣住教学内容的教学。

我注意到，一些老师没有认真研究教学内容，课堂上出示了很多学习材料，设计了很多教学活动，学生也做了很多练习，但基本的教学内容没有抓住，学生没有实际的、有价值的提高和收获，这既是教学低效、质量低下的一个原因，也是学生不喜欢学习的一个原因。

再来看一个例子。2000 年，我曾经观察四川省小学语文特级教师陆枋的一节识字课。这节课主要根据形声字特点，通过旧字带新字——"老朋友带新朋友"的方法教学生识字。教材上的"汪"字后面组的词为"汪老师"。很显然学生很难从"汪老师"中联想到"汪"字这个"新朋友"应该在"王"这个"老朋友"前面加上"三点水"。怎么教呢？陆枋老师在"王"字后，写上"泪 wāng wāng（　　　）"，学生很快知道"汪"字应该在"王"字前加上"三点水"的形旁。如何回应教材上的"汪老师"呢？陆枋老师在教完"泪汪汪"以后采取了简单的处理办法："同学们，'汪'字是一个多义字，它可以是一个人的姓，教材上的'汪老师'也是这个'汪'。大家读一读。"

在这里，教学内容应该不是"汪老师"，而是"汪"这个字以及形声字的规律，从要教形声字的规律看，用"汪老师"这个教材上的学习材料已经不妥了，老师就要另外选择和组织学习资源，目的就在于教学要围绕教学内容来教。

我们常说教师不是"教教材"而是"用教材教"。不教教材教什么？教教学内容。用教材教教什么？也是教教学内容。

教学内容如何选择和确定？首先还是要用好教材，而用好教材需要整体认识和理解教材。以语文教材为例，在单元编排的教材结构中，每组课文之前有导读，具体到每一课，又可能有预习（或自读）提示、选文、插图、注释、思考和练习等内容，然后是单元的综合性基础训练，它们都或多或少地规定和提示着教学内容。教师对教材的教学阅读和一般阅读不同，教学阅读要建立在一般阅读的基础上，但更要根据课程标准、学生实际等确定教学内容。在阅读对象上，要有整体的教材意识。比如，如果教学阅读没有关注课后的练习，在教学内容设计中没有对课后练习有所呼应，在课堂教学中没有针对课后练习有所准备，学生的课后练习就得另起炉灶，这就会加重学生的负担，也会影响学生在应考中的表现。

我举一个自己的例子，以引起大家思考。

我曾经执教人教社版四年级小学语文《为中华之崛起而读书》，翻开教材，单元导读有这样的提示："日子一天天过去，我们一天天长大。在成长的过程中，我们有过成功的喜悦，也有遭受挫折的烦恼，也遇到过困惑不解的问题。让我们来认真阅读本组课文，并联系实际进行综合性学习，在成长的故事中体验成长的快乐，思考成长中的问题，留下成长的足迹。"根据这样的提示阅读课文，可以从哪些地方呼应这样的提示呢？首先是少年周恩来遇到了困惑不解的问题——他大伯父所说的"中华不振"。那周恩来是怎么办的呢？自己去调查研究，了解清楚。这是一个成长中如何对待自己好奇心的问题。而"为什么而读书"，是我们成长过程中要思考的问题。从对少年周恩来如何回答这个问题以及他为什么会确立这样的读书志向的学习中，学生可以获得相关的启示。这是我根据单元导读选择的教学内容。

再从课后学习看：

"我要有感情地朗读课文，还想和同学们合作朗读对话的部分。"这提示我们，有感情地朗读课文是本课的一个教学内容。体会什么样的感情呢？要体会少年周恩来问大伯父的好奇之心，读出周恩来"为中华之崛起而读书"志向的坚定，读出魏校长对这一志向的惊讶和赞赏……这可以帮助学生感受和体验少年周恩来读书志向的不同凡响，和我们对这一读书志向应有的尊敬和向往。

"我有个问题想和大家讨论：使周恩来立下'为中华之崛起而读书'这个志向的原因是什么？"这提示我们，要通过梳理文章的线索和结构，来回答少年周恩来立下这样的志向的原因是什么。这是表层的内容。和学生实际联系起来的深层的教学内容是：周恩来在确定自己的读书志向时注意和时代要求结合起来，他把解救他人和民族的痛苦当成自己的责任，这是周恩来不同常人的地方，这为我们思考为什么读书提供了一个参照的榜样。

"课文中用了许多四个字的成语,如,'风和日丽''热闹非凡',我要找一找,再抄下来。"这提示我们,积累课文中的成语是这一课的又一教学内容。

在课后还有阅读链接:"1917年,周恩来中学毕业,在同学和师友的支持帮助下,筹到一笔赴日留学的经费,出国前,他回到母校,与小学时的老师和同学话别。他给同学们写下的临别赠言是'愿相会于中华腾飞世界时'。由天津乘船东渡日本前夕,他又写下了一首抒发救国抱负的著名诗篇:'大江歌罢掉头东,邃密群科济世穷。面壁十年图破壁,难酬蹈海亦英雄。'"为什么在这里要做这样的链接呢?我以为链接的目的在于强调周恩来的"为中华之崛起而读书"不是一时的心血来潮,而是成了毕生的理想和追求,这又是一个可以选择的教学内容。在教学中可以以此让学生意识到,只有将志向作为终生的追求并为之努力才能取得最后的成就。

另外,在课文后面还有这样一个学习提示(见图八):

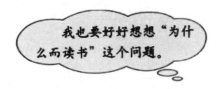

图八 《为中华之崛起而读书》的学习提示

这是直接给学生提示的又一学习内容。这是要学生养成一种习惯,那就是要把学习的内容和自己的生活联系起来,用以反思和审视自己的读书生活,为自己的未来寻找一个方向。但这里为什么是"我要好好想想",而不是"我要交流说一说"呢?我的理解:不能在课堂上公开对学生的人生理想进行拷问,因为让学生在课堂上公开说自己的读书理想,很难避免学生说一些貌似崇高实则为假话的理想来,让学生想想是让他们对自己负责,不让学生说出来是要尊重人生读书目的的多样选择,不去侵扰学生内心的"秘密花园"。所以这里只是让学生"好好想想",课堂上最好不用"谁来说一说你为什么读书"的方式进行提问。

处理这样一些内容就有了这样的问题:一方面我们要尊重学生人生理想的多样选择,另一方面又不能不引导学生对崇高的人生理想的尊重和向往——文要载道的。如何协调这样的内容安排呢？我找到的处理办法：一是有感情地把魏校长的赞赏读出来，让学生体会这样的选择值得称赞；二是让学生想象着"我就是当时的周恩来"，体会着周恩来的想法和心情，也就是用角色体验的方式帮助同学生发出尊重和向往之情来，这是一种潜移默化、潜滋暗长的"传道"方式。

对教学内容的意义和价值缺乏自觉导致了教师自己的迷失，瞎子牵瞎子，教师自然就无法让学生体悟到学习生活和学习内容的意义与价值，同学们也才会对教学内容生出疑惑和拒绝。

# 教学要帮助学生学"生"

马克思曾说："最蹩脚的建筑师从一开始就比最灵巧的蜜蜂高明的地方，是他在用蜂蜡建筑蜂房以前，已经在自己的头脑中把它建成了。"教学是有意识、有目的地促进学生成长和发展的实践活动，我们的教学需要让教学活动有意义，并通过教学实践实现其意义让学生体会到所学内容的个人意义和社会价值。

## 一、现有教学实践中的意义缺失和异化

教学的意义是衡量教学活动能否满足相关主体需要的一种价值判断。考查教学实践，我认为，现有的教学活动存在着对教学意义缺乏自觉而导致的意义迷失，以及因为教学意义追求过于偏狭而导致的意义异化两方面的问题。

### 1. 教学实践中的意义缺失

这是央视节目主持人崔永元在《不过如此》中写过的故事：

大概是到了发育的年龄，我整天想入非非，经常盯着黑板发愣。数学老师把教鞭指向右边又指向左边，全班同学的头都左右摇摆，只有我岿然不动。于是她掰了一小段粉笔，准确无误地砸在我脸上。

数学鲁老师说，你把全班的脸都丢尽了。

噢，全班一片欢呼，几个后进生张开双臂，欢迎我加入他们的队伍。

从此我数学成绩一落千丈，患上数学恐惧症。

高考结束，我的第一个念头是，从此再不和数学打交道了。

38岁生日前一天，我从噩梦中醒来，心狂跳不止，刚才又梦见数学考试了。水池有一个进水管，5小时可注满，池底有一个出水管，8小时可以放完满池的水。如果同时开进水管和出水管，那么多少小时可以把空池注满？呸，神经吧，你到底想注水还是想放水？

"你到底想注水还是想放水？"这是对教学活动的意义追问。作为教师，我们有责任对自己的教学进行反思，有义务回答受教育者和其他社会成员对教学意义的诘问，并为自己的教学实践进行意义和价值辩护。

在和教师们交流的时候，我曾多次用这个故事做讨论的案例，我向参与的数学老师提出的问题是："现在，你还会教这样的内容吗？如果你要教，你为什么要教？你又怎样教？"我注意到，相当多的教师眼中充满了疑惑和迷茫，他们选择了沉默，表情中透着委屈和无奈。

通过这样的现象我们会意识到，相当一部分教师对这一教学内容的价值和意义没有进行过研究和发现。对教学内容的意义和价值缺乏自觉导致了教师自己的迷失，瞎子牵瞎子，教师自然就无法让学生体悟到学习生活和学习内容的意义与价值，同学们也才会对教学内容生出疑惑和拒绝。因此，一个理性的教师不仅要思考教了什么，而且更要思考为什么选择这些东西来教。

### 2. 教学意义追求偏狭导致的教学意义异化

就人的实践而言，主动的行为背后都承载着一定的价值选择，只是大多"日用而不自知"。如果非要对"你为什么要教这个内容"做出回答，也就是对"日用而不自知"的观念"自知"一番、深究一番。老师们的理由可能有这样两个：一是"教材上有它，我们就要教它，我要完成教学任务"；二是"这是要考试的内容，不教它学生就做不了这样的题，考试就会通不过"。

相比较前一种被动完成教学任务的实践观念和方式，后一种教学实践多了一些思考的努力,这是值得称道的进步。但仅把教学的意义理解为应对考试,并向学生传递这样的教学意义,又实在是误入歧途,它已经并将进一步把教学带进"死胡同":(1)在"小学教学的任务就在于升上好的初中","初中教学的任务就在于读上好的高中","高中教学的任务就在于升上大学"这样的意义指引下,"高考结束,我的第一个念头是,从此再不和数学打交道了",高考终结了学习的意义,一些学生用烧书的行为宣泄着对过去学习生活的否定,表达着对未来学习生活的抵触,这样的教育在培养着拒绝继续学习的学生。(2)在升学过程中经历失败挫折的学生失去了学习的目标和积极性。有的老师向我这样诉说:"很快学生就要中考,但一半的学生感觉自己没有希望考上重点高中,因此开始放弃学习。对于这样的学生老师也对他们鼓励过,可他们的心就像死了一样,没法转化他们的学习态度。""心就像死了一样",这是学习的失败感使他们觉得人生没有价值和意义感。(3)考大学的功利追求导致了另一种更为现实的功利追求,那些不准备让孩子升学的家庭选择了让孩子弃学。也有老师这样说:"现在的农村学生家长都比较实际,很多家长都这样认为:我的孩子读了大学毕业回来,也不好找工作,再加上读书需要几万元的学费,这些钱在我们农村可以盖一平房了。所以任由他的孩子发展,对孩子的学习不管不问,有的干脆就早早地让自己的孩子去打工。"由于体悟不到学习对生命完善、生活改善的意义,"进学校无用"、"读书无用",教育成了食之无味、弃之违法的"鸡肋",家长就可能纵容孩子在学校里混日子,混日子也就成了很多学生的校园生活选择。

教学意义的缺失和异化不仅使学生不爱学习、不爱生活,同时也影响了一些教师的教学方式和生活质量:一些教师迷失了教学的方向,教学中缺乏改变和创造的意愿,他们在日复一日、年复一年地从事着简单枯燥的重复劳动;面对厌学的学生,教师很难在学生的成长和变化中体会到教育的成功和人生的成就感;而要帮助和改变这些准备在校园里混日子的学生,教师又不得不付出更多的艰辛和努力……这样的工作状态,难免会让教师身心疲惫,产生职业倦怠。

叶澜教授说:"课堂教学应被看作师生人生中一段重要的生命经历,是他们生命的有意义的构成部分。"教学应该释放师生的生命能量,彰显师生的生命价值。由于教学意义的缺失和偏狭，教育导致了反教育的结果，教学的结果和实际作用，与教学追求和应然方向南辕北辙。可以说，我们在打着自己的嘴巴。

## 二、发现教学意义的视域

避免教学意义的迷失和偏狭，首先需要尽可能地了解教学意义的全景和可能，然后在各种可能的意义比较中做出"更应该"与"更合理"的意义、价值的选择和取舍。

有了价值也就对人有了意义。判定价值有两个核心要素：事物的客观属性和人的主观需要。教学的意义也存在于教学的客观事物与人的主观需要的关系中。这样，我们就可以从教学的客观事物和主观需要两个方面去讨论如何发现教学的意义。

### 1. 从教学的客观事物中发现教学的意义

教学事物（这里可以把教学事物理解为教学所凭借和依据的环境、教材、活动等）的客观属性是构成教学意义的一个要素，不同的教学事物潜在地具有不同的教学意义。孔子说："与善人居，如入芝兰之室，久而不闻其香，即与之化矣。与不善人居，如入鲍鱼之肆，久而不闻其臭，亦与之化矣。"这是不同的环境所具有的潜在的不同意义。英国哲学家弗朗西斯·培根在《论读书》中说："读史使人明智，读诗使人聪慧，演算使人精密，哲理使人深刻，伦理学使人有修养，逻辑修辞使人善辩。"这可以说是不同的学科内容和不同的教学活动蕴含着不同的教学意义。"文以载道"，"诗以言志"，说明文、议论文、抒情散文各有不同的表达样式和特点，即便是同一学科里，不同的内容、题材和体裁也潜藏着不同的教学意义……

环境、学科、教材、教学活动等潜在地蕴含着影响人的变化的因素和力量，能满足人的成长需要，它们本身具有教学的价值和意义，这是它们的客观属性。一方面，教学不能凌空蹈虚，教学意义的实现需要借助环境、内容和活动，需要利用其中的教育价值；另一方面，环境、学科、活动本身的意义是丰富而复杂的，在具体的教学实践中，教师需要发现、选择、转化其中的意义和价值，使环境、学科、教材、活动等因素的潜在意义和价值得以现实化。

### 2. 从人的需要看教学的意义

人对教学的主观需要是构成教学意义的另外一个要素，可以说，能满足某一主体的需要，教学便对这一主体具有意义；满足了主体某个方面的需要，教学便实现了对这方面需要的意义。

由于自身利益不同，不同主体对教学的要求和期望并不相同，教室虽小，关涉甚多，国家、家长、学生、教师……教学不仅需要呼应和满足彼此的需要，而且需要引导和平衡彼此的需要。教学的需要不仅受制于外在的条件，也受制于主体对教学的认识和理解。比如：看重教育社会功能的人可能期望教育在建设民主政治、促进经济增长、传承人类文明等方面有更好的表现，而偏重于教育个体发展功能的人则会对开发潜能、发展和完善学生自我寄予期许；对同一教学材料，不同的执教者可能在获得知识、掌握技能、发展智慧、增长体力、养情逸性等方面有不同的价值判断和意义选择……

就是同一主体，在不同的时期和不同的情形下也会对教学目的和理想有不一样的诉求和表达。比如，小学生在课堂上所希望得到的，和大学生在课堂上所希望得到的大不一样；在不安全教学环境中生活和在愉悦的教学环境中生活，学生对教学意义的理解和要求会有差异；同一个教师，从没有教师生活经验到有丰富的教育实践经验，教学的期望和效能感会产生变化。

## 三、教学意义的选择和兼顾

某种程度上，教育就是一门选择和平衡的艺术。教学意义的选择是在发现和理解教学多方面意义的基础上，依托自身的教师伦理德性、教育科学理论、以往实践经验等专业素养背景，在多样而复杂的教学意义面前做出选择和平衡的过程。

选择首先是因为需要选择。从教学意义的对象看，有对教学实践所涉及的各要素和因素的意义理解与选择，有满足某些特定教育主体（比如学生、家长、公开课上的评委）和某种特殊需要（比如知识与技能、过程与方法、情感态度与价值观的不同侧重）的意义选择；从选择的追求看，有全局意义和局部意义、当前意义和长远意义、整体有意义和某一方面特别有意义、较大意义和较小意义等方面的取舍和平衡。前苏联教育家苏霍姆林斯基说："教育，就其广义的理解来说，这是一个受教育者和教育者都在精神上不断地丰富和更新的多方面的过程。同时，这个过程的特点是，各种现象具有深刻的个体性：某一条教育真理，在第一种情况下是正确的，在第二种情况下是无用的，而在第三种情况下就是荒谬的了。"没有万无一失的教学，只有相比较更有意义、更有价值的教学。追求更有意义、更有价值的教学需要选择，选择意味着对教学的负责，对学生的负责，对自己的教育人生负责。教学意义的选择是在此材料、此学生、此环境中发现价值更丰富、更有意义、更值得追求的教学。

  选择性体现了专业性。一方面，教育关乎学生人生、家庭未来、文化传承和国家兴盛，教学的意义重大，教师选择的责任重大；另一方面，教学选择不仅要在错综复杂的意义"迷宫"中做出，而且还需要在不同利益主体诟病时做出意义说明和申辩，并经得起方方面面的质疑和考量。教学意义的选择和实现使教学工作成为一项专业的工作，教师需要经过专业培养并不断成长。从教学意义的选择和实现角度，我们可以这样定义优秀教师：优秀教师的优秀并不单单是他的学生考分能够名列前茅，更主要的是他们能广泛而深刻地理解和把握教育的意义与时代的趋势，使自己的教学具有明确而清晰、积极而丰富、经得起教育伦理和教育科学考量的教育意义，并能通过教学实践使自己追求的教学意义最大限度地满足其他相关主体的教学需要。这样的优秀教师，才更配得上享受专业工作者应该享有的专业尊重。

## 四、从"幸福生活"的视角看教学的意义

  教学意义的错综复杂性，使任何指向单一的教学意义讨论都难免顾此失彼，挂一漏万。在小说《深夜加油站遇见苏格拉底》中，我看到了主人公丹

向哲学老师诘问"（你教的）这些东西和幸福和生活有什么关系"。教学要给人幸福的东西，教学要教和学生生活关联的东西，这是我们讨论教学意义、发现教学意义的一个视角。

1. 幸福是教学的意义所在

首先，教学需要幸福。人的实践活动的终极目的在于幸福，教学是人的实践活动，教学需要以人的幸福为最终的方向和目的。同时，教学的过程需要幸福，如果在教学的过程中，参与者不能体味幸福，就会失去教和学的热情与积极性，教学活动就难以为继。

其次，幸福需要学习和教育。幸福需要学习，幸福需要教育，教学的使命和责任就是帮助人获得幸福生活的能力。教学要挖掘增进人的幸福的因素，通过教学，使学生能认识、梳理自己的人生目标和追求，感受生活的幸福，创造和实现人生的价值，达成自己的幸福生活。

2. 让学生学"生"而不是学"考"

教学教学，是教学生学。学什么呢？是学"生"而不是学"考"。什么是学生？简单地说，狭义的学生就是在学校里，在老师和同伴的帮助与影响下，学习生存的本领，获得生活的智慧，体验生命的意义、价值和尊严的人。教师的责任是挖掘学科知识、教学环境和教学活动中关乎生存、关乎生活、关乎生命的教学内容，通过教学活动实现让学生学"生"的意义和价值。

## 五、发现和实现教学意义的实践路径

影响教学意义实现的因素多种多样，比如教学的物质环境和外部社会环境、教学管理制度、班级规模和教学组织形式、师生的积极性、教学方法和手段，等等。在这里，我们主要讨论教学意义挖掘和实践路径，并采取通过教学要实现学生幸福生活的意义视角。

从教学意义的实现方式看，现有教学的问题是，定位于通过考试、获得升学的知识和技能，教学方式过于单一，教师过分倚重让学生直接面对知识、使学生接受知识的方式（如图九所示）。在这种单一的教学方式中，一些学生看不到所学知识与他当下与未来幸福的关联，看不到对生存、生活和生命的意义，学习成了索然无趣的被动行为。

**图九　让学生直接面对、接受知识的教学方式**

新的出路在于建立教学和学生幸福、和学生生活的关联。杜威说"最好的一种教学，牢牢记住学校教材和现实生活二者相互联系的必要性"，追求杜威所谓的"最好的一种教学"，我们需要对图九的教学方式做出改进（见图十）。

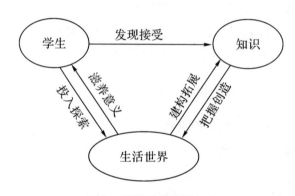

**图十　改进后的教学方式**

在这样的教学方式中，教学不是直接让学生面对抽象的知识，而是引导学生投身蕴含问题的生活情境（"知识问题化"），对生活中的问题进行探索，在问题解决中建构新的知识（"问题知识化"），以扩充和丰富原有的知识。这是获得知识的另外一条途径。要特别强调的是，获得知识本身不是教学的最终目的，运用知识把握和创造生活世界，使生活世界能更好地满足人的需要，实现人的幸福生活，体现人的价值和意义，这才是教学的最终目的。基于这样的考虑，教学还需要引导学生运用知识把握和创造世界，并培养这样的态度和习惯，使他们能自觉地在自身力量的展现和实现中体味生活的意义，从而更加热爱生活，更加热爱学习，致力于创造更美好的生活。

这里试以对水池注水和放水的教学内容的认识和处理为例，讨论教学中可能的思路和流程。

1. 要研究和发现教学内容的意义

定位于教生存的本领、生活的智慧、生命的意义，教师就需要从生存、生活、生命的视角去研究教学内容的意义，对有意义的内容要花大力气去教，对没有意义的就可以少教或不教。仔细研究，我们就会发现，学习注水和放水的知识不只是考试需要，更是生存和生活的需要：注水和放水是生活中动态变化现象（比如汽车流量变化、森林的林木蓄积量变化、人口总量变化、银行储蓄资金变化等等）的抽象。学习这样的内容，建构处理类似问题的数学模型，可以帮助学生获得对动态变化事物进行计划、控制和管理的实际生活能力。

2. 要对概括和抽象的知识进行生活现象的还原

教学意义的实现过程，是意义选择与辩护、意义转换与创造的过程。在明确了教学内容的意义以后，要研究与此相关的真实世界的情境是什么，并从中选择和学生日常生活最为贴近的情境作为教学中的生活情境。比如，我们可以大致找到这样的日常生活现象：在家庭生活中，有一边在存入，一边在开支，同时又在积蓄买某种物品（比如住房、汽车）的资金的现象。

3. 对生活情境进行改造，使其成为有助于实现教学意义的教学情境

课堂上的情境不是原封不动的生活情境，而是一种特殊的问题情境。前苏联教育家维果茨基认为："教师是教育环境的组织者，是教育环境与受教育者相互作用的调节者和控制者……社会环境是教育过程真正的杠杆，而教师的全部作用则可归结为对这一杠杆的管理。"如何调节和改造呢？杜威认为："这个特殊的社会环境有三个比较重要的功能：一是简化和安排所要发展的倾向的许多因素。二是净化现有的社会习惯并使其观念化。三是创造一个更加广阔和更加平衡的环境，使青少年不受原来环境的限制。"改造生活情境为教学情境，需要和学生实际、教学目标、教学条件结合起来，要经得起相关心理学和教育学一些基本原则的考量。教师对问题情境的选择和组织

是教师的一项专业的课程建设能力。

比如，对于小学生，我们可以设计和提出这样的问题："你要存钱买一个玩具，如果光存入不开支，5个月能存够买玩具的钱，光开支不存入，12个月会用光买玩具的钱。实际的情形是，你既有存入也有开支，在这样的情况下，你需要多长时间才能存够买玩具的钱？"

4. 引导学生围绕自己的生活问题进行探索和发现

玩具是自己要买的，需要安排和计划，这是自己的生活。在这样的探索和发现过程中，学生能体会学习和掌握知识是一种生活的需要，知识是充实自身、改善生活的力量。

基于向注水和放水问题解决模型过渡的需要，此教学阶段，教师可以有意识地引导学生借助数形结合的思想，完成解决这类问题的初步的图形化建构（如图十一所示）。

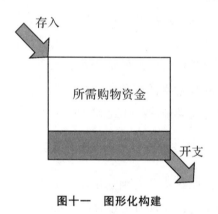

图十一　图形化构建

5. 进行现实中的生活原型到数学问题解决模型的抽象和建构

郑毓信教授认为："数学抽象事实上是一个模式化的过程。……模式化的一个重要特征，就是'去情境化、去时间化和去个性化'。这意味着与现实原型在一定程度上的分离。"日常生活问题解决带来的只是经验，从经验到知识需要一个抽象的过程。这样的过程是帮助学生改造经验，从中获得延展性和迁移性知识与技能的必需的过程。

在此，我想说另外一个问题。我认为，新课程改革初期，一线教师曾经在加强知识与生活的关联、在创设生活情境方面付出过很大的努力，这与课改以前的教学比较，无疑是一种进步。但创造问题情境，引导学生从生活情境中获得问题解决的经验后，对引导学生将经验转化为知识这一过程关注不够，方法也不得力，这使得学生的知识和技能不够扎实。也就是仅有知识问题化、知识情境化的改变，却没有问题知识化的过程。例如学习"$2+3=5$"，我们有2个苹果加3个苹果的实例了，但学生只知道"2个苹果加3个苹果等于5个苹果"，却没有从中概括和抽象出数学知识"$2+3=5$"。这是实践中一些教师在课程改革中走回头路的主要原因。因此，进入实践的课程改革，不仅要关注生活情境的创设，而且也要研究如何引导学生从生活经验中获得相对普遍的知识和技能。

在这一案例的教学中，如果教学仅仅停留在买玩具的问题解决上，控制、规划动态变化现象的知识和方法就只有一个点，就无法迁移，学生的数学知识和技能就很难过关，考试也会出现麻烦。要完成数学抽象，进行数学建模，一方面需要"情境化、时间化和个性化"的生活原型的基础，一方面又要从"情境化、时间化和个性化"的生活原型中走出来，获得一种处理类似情境的相对普遍的知识和技能。这时，教学需要从贴近生活的问题过渡到适度远离生活的注水和放水的问题（如图十二所示），让学生从"水池蓄水"的问题解决中领悟计划、控制动态变化事物的思路和方法。

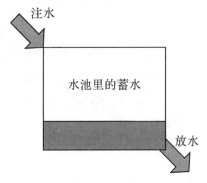

图十二　完成数学抽象，进行数学建模

### 6. 运用问题模型解决其他问题和变形问题

比如，可以从日常生活的资金储备引向更广阔的人口规划、汽车拥有量控制等问题。也可以在计划和控制动态变化现象的内容框架下，改变计划和控制的因素，如从时间控制变形为总量控制、输入量控制、输出量控制。解决其他问题和设计变形问题，这是运用知识解决问题、化知识成智慧的过程。这样的过程，不仅建构知识的意义和力量，也建构认识和处理未来生活问题的方法、图式，同时更重要的是建构学生对自己的认识、理解和接纳，让学生能体悟自己的成长和变化。

最后，需要说明的是，图九、图十所示的教学方式各有自己的适宜对象和内容。

从结果看，图九的教学更加关注结果，胜在知识的数量。图十所示的教学方式，其意义在于帮助教师养成一种习惯和自觉：要致力于发现教学内容与学生生存、生活和生命的联系，使教学更有意义；要追求更有意义的教学过程，谋求更丰富、更深刻的教学效果。这是一种重视教学过程和教学品质的"慢教育"。

从适用对象看，英国科学家、哲学家波兰尼曾经把知识分为"明确知识"与"默会知识"。明确知识是能够用各种符号加以表述的知识，默会知识是指那种知道但难以言传的知识。对于默会知识，可以说，图九的教学方式很难找到用武之地。对于默会知识如何处理呢？"子曰：'书不尽言，言不尽意。'然则圣人之意，其不可见乎？子曰：'圣人立象以尽意……'"《周易·系辞上》在"言"和"意"之间，需要"象"做桥梁。图十教学方式中的生活世界是"尽意"的"象"，它是生活中的事件和现象，学习者投身于生活世界中，和生活现象互动，陶醉、感悟、体验，从"象"中悟"意"，致力于"言""象""意"的共融和共生。

# 相关问题与回应

## 一、对生存、生活和生命的领悟

问：陈老师，你对学生的认识——"狭义的学生就是在学校里，在老师和同伴的帮助和影响下，学习生存的本领，获得生活的智慧，体验生命的意义、价值和尊严的人"，使我对自己的角色、使命有了一种豁然开朗的感觉。只是我对"生存的本领"，"生活的智慧"，"生命的意义、价值和尊严"还没有一个清晰的理解，请你再给我们说一说。

回应：坦白地说，对于这个问题我自己也还在思考的过程中，对这个问题的想法也还很不成熟，只是觉得这样的思考很有意义和价值，所以很希望引起大家的关注和讨论。我愿意把自己对这个问题的思考过程与大家分享，请大家批评！

2004年，林崇德教授在成都讲学，我听他说："学生学生，学习生存，学习生活。"这是开启我思考这个问题的契机。后来用这样的观点审视课程目标，我曾经有这样的提问和回答：

"新课程的课程目标到底是什么？"回答："三维目标"。

"那为什么要三维目标？"回答："三维目标追求学生的全面发展，在课程中落实了三维目标，更有利于实现学生的全面发展。"

"那全面发展的目的又是什么？"我找到的答案是："为了让学生能更好地生存和生活。"

绕了一个圈，原来，最根本的东西还是"学习生存，学习生活"。

这样，我对"什么是学生"、"学生到课堂上学什么"、"学生在课堂上干什么"等问题，有了最朴素的回答：

什么是学生？在同伴和老师的指导下，学习如何生存，如何生活的人。

学生来到学校走进教室，他们为了什么？学习生存，学习生活。

和教师们交流，我发现，强调课程要帮助学生学习生存、学习生活比空洞地讲三维目标更容易引起大家的共鸣和认同。

接下来要思考的就是"什么是生存"、"什么是生活"、"生存需要什么"、"生活需要的是什么"这一类的问题。关于生存和生活，法国作家雨果曾经说过这样的话："人有了物质才能生存；人有了理想才谈得上生活。你要了解生存与生活的不同吗？动物生存，而人则生活。"德国社会学家马克斯·韦伯则说："在生活中，一个人是为了他的事业才生存，而不是为了他们的生存才经营事业。"由此我体会到的区别是，生活与生存比较，生活是关乎意义的，是关乎自我实现和超越的。

人是如何存在的呢？马克思主义人性论有这样几个主要的观点："人的本质并不是单个人所固有的抽象物。在其现实性上，它是一切社会关系的总和。""一个种的全部特性、种的类特性就是在于生命活动的性质，而人的类特性恰恰就是自由的自觉的活动。""作为完整的个体的人，人是自然因素、社会因素和精神因素的统一体。"前两个观点我不在这里说了，只说对第三个观点的思考。我把它换一个角度理解：作为完整的个体的人，人是生物属性、社会属性和精神属性的统一体。我认为，生物属性是基础，人要吃、喝、拉、撒、睡以及有性的需求，满足生物属性要求，教育必须教给人谋生的本领和能力；但仅仅有生物属性，并只追求生物体的需要满足，人又不是"人"，是"畜生"，社会属性使人合群并获得归属感和安全感，缺乏基本规范学生就难以融入社会；满足社会属性的要求，教育必须传递基本的社会规范，使人社会化；而如果人仅仅满足社会规范的获得而没有自己的精神追求，人又只是奴隶，精神属性是人的内在品性，人因为有理想、有追求，因为向往自由以超越生物属性的局限和社会属性的羁绊而显得高贵，也正是人的精神属性和精神追求，才使人具有创造性，社会不断进步，人性不断完善。

对于自然和社会而言，人的存在既是适应性存在，又是否定性存在。适应性存在是人要适应自然、适应社会；否定性存在是人要改造和超越现有自然、社会，使得自然和社会更合自己的心意。基于这样的理解，我把生存问题看成现实问题，把生活问题看成理想问题。学会生存是适应性问题，生存需要本领，自己要生存，他人也要生存，人的生存又是一种共存，因此这里的生存本质上是一种共存，人需要自存和共存的本领；学会生活是超越性、创造性问题，生活需要智慧，同样，生活的智慧也是一种共同生活的智慧。学会生存是人的基础和前提，学会生活是人的目标和方向。这是我在2008年对生存和生活的理解。

2008年4月，我在浙江苍南上过一节《三顾茅庐》，苍南县教育局教研室陈敬畅主任点评说："这一节课有文字、有文学、有文化，有生存、有生活、有生命。"这一评价实在是过誉的，我自己知道，主要还是"有问题"。但陈主任的话让我思考生命、生存、生活的不同追求，对此我有这样的理解：必须强调生命体对自身生存、生活状态的审视和认同，对自身生命的自觉和领受；从过程看，人不能仅仅为了未来的生存和生活忘了自身身在何处，不能为了未来的幸福忘记了当下的幸福。

这样，就形成了我对"学生"这个词目前的领悟和解析。

## 二、让学生学习生活智慧的案例

问：陈老师，你对学生概念的解读体现了人的研究和理解，也体现了以人为本的思想。你对"水池注水和放水"的问题思考和解读让人很受启发，这是一个帮助人学习生存本领的案例。你能不能再说一个关于教学中致力于让学生学习生活智慧的案例。

回应：我们可以把"水池注水和放水"看成一个学习生存本领的案例，但其中也蕴含了生活的智慧。智慧是什么？可以说这也是仁者见仁、智者见智的概念。孔子说"仁者乐山，智者乐水"，我领悟到流动性、变通性是智慧的一种特性。英国哲学家约翰·洛克认为智慧是"善良的天性、心灵的努力和经验结合而成的产物"。由此看，智慧是有德性的，是心智的运用，是基于知识和经验的。我认为，对知识技能的创造性运用和实践就是一种智慧，所以"水池注水和放水"的教学应该也有生活的智慧培养在里面。同时，在这个过程中，学生还能发现和实现自身的价值，体现人的力量。

我这里再用自己执教过的《桂林山水》片段回应一下你的问题。

师：现在我们看，人们都说"桂林山水甲天下"，作者发现了漓江的水"静，清，绿"，桂林的山"奇，秀，险"，游桂林山水是"舟行碧波上，人在画中游"这些特点。

大家想一想，在人们说"桂林山水甲天下"的时候，作者发现了桂林山水的这些特点，发现了特别之处，他有什么样的心情？

生1：激动！

师：激动！然后又会怎么样？看到它美，看到它好，你会有什么样的心情？

生2：赞美。

师：对，赞美，歌唱。感受一下，作者会怎么赞赏？我们来读一读"漓江的水真静啊"，想一想"真"字和"啊"字的作用，表达了什么样的心情？又该怎样读出这样的心情？

生3：激动。

师：还有吗？

生4：兴奋。

师：还有没有？

生5：自豪。

师：为什么自豪？

生5：因为他发现了……

师：发现了什么？

生5：漓江的水"静，清，绿"，桂林的山"奇，秀，险"。

师：对，这是他自己发现的东西，是他自己的美。大家试一下，我们去掉"真"和"啊"：漓江的水静得让你感觉不到它在流动。大家读一读：

生（语气平淡地读）：漓江的水静得让你感觉不到它在流动。

师：怎么样？有什么感觉？

现在加上"真"和"啊",再读体会作者的心情,读出激动、欣喜和赞美。

生(读):漓江的水真静啊,静得让你感觉不到它在流动。

师(读):漓江的水真静啊,静得让你感觉不到它在流动。

这里有一种欣喜,一种赞美。现在请你们把自己想象成作者,你们在游览中发现了美,发现了别人没有发现的东西,然后想把它表达出来,带着这样的感情再读一读你发现的漓江的水和桂林的山。

生(读):漓江的水真静啊,静得让你感觉不到它在流动。

师:好,读得真好。这里该怎么读啊?首先要"入境",头脑中要有这些美景,多美呀!第二要"入情",作者在这里游览着,发现着美,他抑制不住地想表达美,歌唱美。

师:现在,作者发现桂林山水有这样的特点,你呢?你会发现什么?(板书"你:?")哪些同学到过桂林?

(同学中没有举手的)

现在没有去过,今后可能会去,当你们到桂林时候,你会怎么看桂林山水?你们是不是要去发现"桂林山水甲天下",去发现漓江的水"静,清,绿",桂林的山"奇,秀,险"?

生6:我到桂林,除了去发现漓江水"静,清,绿"和桂林的山"奇,秀,险"以外,我还想去观赏那里的树木,体会树木的茂密和生机。

师:好,他还要去观赏植物。注意,他去旅游除了发现作者的发现,更重要的是发现……

生:自己。

师:对,发现了自己的东西也就发现了自己。还有哪些同学?你想去看什么?

生7:我想去观察和发现桂林那一带的人文文化,因为桂林是广西壮族自治区的一个风景区,那里居住着很多少数民族,我对少数民族很感兴趣,对他们的服装、人文风情感兴趣。所以,我到桂林,不仅要观赏作者写出的山、水以及山水结合的特点,也要观察那里的人文风情。

师：好！说得真好！注意，两个同学都有一个想法值得陈老师学习，也值得我们大家学习。这就是学会用自己的眼睛（板书"用自己的眼睛"）

生8（插嘴）：发现美。

师：对，用自己的眼睛发现美（板书"发现美"）。我们要向作者学习：人们说"桂林山水甲天下"，作者去了，但他不是去重复别人的发现，而是发现自己心中的桂林。

所以，同学们今后游览桂林山水，既不要去再说一遍"桂林山水甲天下"，也不要只是去发现漓江水"静，清，绿"和桂林的山"奇，秀，险"，我们还要学会用自己的眼睛去看自己心中的桂林，用自己的眼睛发现——

生：自己的美。

师：当你用自己的眼睛发现自己的美的时候，你的心情是什么——

生：激动、欣喜和赞美。

师：对，我们可能就和作者一样激动、欣喜和赞美，这就是旅游的乐趣。旅游的目的不是去印证别人的观察和思考，而是用自己的眼睛去发现美。下面陈老师要介绍一位诗人对桂林山水的歌唱，这就是贺敬之的《桂林山水歌》，陈老师在这里朗诵其中的一小节：

云中的神呵，雾中的仙，

神姿仙态桂林的山！

情一样深呵，梦一样美，

如情似梦漓江的水！

（生鼓掌）

师：大家下课以后可以找桂林山水歌读一读，琢磨一下两位作者心中的桂林山水有没有不同。大家会发现，两位作者分别用自己的方法表达了对桂林山水的喜爱。刚才我们说用自己的眼睛看，在这里，我们还要说要用自己的嘴巴说。

桂林山水无疑是美的，但还有其他的美吗？我意识到还有人的力量在里面——人的发现力量，这是人性之美，这就有了两方面的教学内容。在教学中，把重点放在讴歌山水之美，还是讴歌人的发现之美、人的发现力量？我的选择是更要讴歌人的发现力量。所以有这样的引导："现在请你们把自己想象成作者，你们在游览中发现了美，发现了别人没有发现的东西，然后想把它表达出来，带着这样的感情再读一读你发现的漓江的水和桂林的山。"

另外，在前人有"桂林山水甲天下"、漓江水"静，清，绿"和桂林的山"奇，秀，险"的发现与表达下，我们怎么办？是敬仰他人的发现和文字，还是要有自己的发现？我的选择是后者，因为后者的生活方式更能体现和实现人的伟大。

发现人，发现自己，这是我在执教这一课时对生存、生活、生命的一种自觉。

### 三、要让学生觉得有用

问：陈老师，你提到了杜威对最好的教学的评价，我们知道，杜威是实用主义哲学的代表，他说："最好的一种教学，牢牢记住学校教材和现实生活二者相互联系的必要性，使学生养成一种态度，习惯于寻找这两方面的接触点和相互的关系"。这会不会使我们的教育陷入实用主义的泥潭？

回应：你的问题很好，有这样的批判意识很好，有这样的警惕之心更好。我想这有一个如何理解和实践的问题。我认为，理解到位了，心中又存有警惕之心，陷入泥潭的可能性就会减少。我是如何理解的呢？

首先，这里的"实用"并不只是发展生存的才能，并不只是为了物质的获得和享乐，它还包括发现生活的智慧，愉悦自己的精神。如果这样理解了"实用"，那这样的"实用"本就是教学应该追求的意义和价值。

其次，发现关系，寻找接触点本身意味着研究态度的培养，意味着要学以致用，要养成理论联系实际的思维方式。在马克思的墓志铭上，就有这样一句话："历史上的哲学家总是千方百计以各种各样的方式解释世界，然而更重要的在于改造世界。"学以致用正是我们过去教学所缺失的，强调加强联系正可以正本清源。

第三，意大利哲学家、历史学家克罗齐认为，一切历史的本质就在于其当代性，因为人类活生生的兴趣绝不是对于已经死去的过去的兴趣，而是对当前生活的兴趣，是对存在于当前生活中的那些过去的兴趣。由此及彼，我们也可以说一切教育的本质也在于当下性，在于生活性。在一个追求实用、功利主义盛行的时代，你如果不能满足实用的功利需求，社会大众就可能抛弃你；所以更好的办法还是先用实用的可能性把他吸引过来，让其尝到甜头了，你才能更好地渗透其他的价值；犹如开店做生意，你总要让他先到你的店里来、对你的东西愿意看一看，然后你才有机会引导他消费、和他谈价。正因为如此，《第56号教室的故事——雷夫老师中国讲演录》中，雷夫有这样的观点和实践：

> ……当我们自己做学生的时候，我们也曾感觉一些功课无聊，不明白为什么要学它们，因为它们看起来和生活毫不相干。所以，现在我教一门学科的时候，我都要告诉学生，这个知识在他的生活中有什么用。
>
> 无论是中国还是美国或者其他地区，如果你问孩子们为什么要学数学，他们大概会说："我不得不学，因为老师是这么要求的，妈妈也这么要求。"在我的班上，如果你问孩子们为什么要学数学，他们的答案会不同。孩子们会说："如果我学了这项技能，我的生活会变得更美好。"
>
> 在教孩子们一项技能之前，我都会告诉他们，这项技能在生活中有什么用。
>
> ……美国也和中国一样，老师们总是担心年终考试。但我并不担心，我所操心的是如何给孩子一生受用的技能。

## 四、关键是要为此努力

问：陈教授，"水池放水和注水"的问题是一个很好的例子，它帮助你梳理和表达了自己的观点，但在很多教学内容中是没有这样明显的生活例子和意义的，而且这样的教学必然是很花时间的，对于时间问题不知道你是怎么设想的？遇到无法找到生活联系的知识又怎么办？

回应：谢谢你提出的问题。

我想，首先是观念问题。也就是你是否有这样的观念：我是教学生学"生"的，在教学中，要让学生体会每一个知识和技能、过程和方法对他个人的意义和社会的价值。我想，有这样的意识和没有这样的意识，教学一定是不一样的。

其次是我们要为此付出努力并形成一种教学习惯。也就是教学每一个内容之前都用教学生学"生"的视角选择和比较一下可能蕴含的价值，然后想办法用教学实践追求和实现这样的价值，帮助学生感受和领悟这样的价值。我想我们可以做一做这些方面的努力。我同意你的观点，有的内容不一定能找到，找不到的不要勉强也不要强求，但找一找说不定就有了另外的发现。

对于时间，我承认按照介绍的六个步骤教学下来，可能会多花一些。但我想，语文课有主题单元，数学课也可以有这样的主题单元。第一次多花一些时间，不仅解决了这个问题，而且体验这样的思路和方法，第二次就快一点，第三次、第四次……以后就快起来了，学生有兴趣了、自己掌握方法了、入迷了就不要你教了。我想第二讲中魏彬老师所教的"真分数"就可能带来这样的效果。

这里有一个问题，就是要在一个较长的时间背景中来设计和实践自己的教学。后面讲有效教学的时候，我还会说到衡量教学效益需要"风物长宜放眼量"的问题。

# 第五讲

# 教学内容的研究和处理（下）

本讲要点提示：
- 有效研究教材
- 合理选择和组织教学内容
- 相关问题与回应

本讲继续讨论教学内容的研究和处理，我将用一些案例表达自己对实践操作的理解和建议。需要说明的是：我的建议主要针对自己在观课议课中的发现，以及自己教学实践中的探索而提出，它具有针对性，但并不具有完整的体系性；对教学内容的研究远比我所交流的丰富得多；另外，我们把教学内容和教学手段分开来讨论，主要是为了讨论的方便，事实上在讨论教学内容的时候大多会涉及教学手段和方法的选择。这都是要提请大家注意的。

老师的教学不是付出，而是收获；老师不是"蜡烛"和"春蚕"，而是教室里不断生长的"一棵树"，教学滋养了我们，学生帮助了我们；开放的教学带来教学的幸福！

# 有效研究教材

## 一、尊重教材的内在规定性和约束力

一位语文老师，执教三年级的北师大版教材《炮手》，他抓住了"苍白""煞白""惨白"三个面部表情描写的关键词，让学生体会炮手的心情变化。老师的提问是："炮手的脸色煞白，这时他心中会怎么想？"其中一个同学这样说："炮弹爆炸，我的孩子可能会死，我舍不得我的孩子。"另一个同学说："我的父母还在家里，万一把他们炸死了，我怎么办？"对于学生的回答，老师都给予了鼓励，但没有进行引导。

在这个例子中，我以为，老师在读懂教材、尊重教材文本的内在规定性和约束力方面下的功夫不够。能够想象房间中有亲人吗？我以为不能。一方面，在课文最后，炮手有这样的说明："那是我家的房子。在这个世界上，它是我家仅有的一点财产。"这里说的是"财产"，生命不是财产，而且在文章用的又是"它"而不是"他"，这都说明里面没有自己的家人。教师要读得仔细一些，并引导学生在仔细阅读文本的基础上回答问题，不要养成离开文本信口开河的毛病。另一方面，在学生的回答中，隐含着"为了赢得胜利，是可以不顾自己的家人性命的"这样的观点，对于这样的问题课堂上是不好来讨论的，但我们正可以通过对"财产"和"它"字的理解避免陷入道德两难的处境。事实上，教材本身就在回避着这个问题，课堂上我们不能把这样的难题交给三年级的学生，让他们简单随意地进行本为道德难题的伦理选择。

可能有朋友会用"现在不是'教教材'，而是'用教材教'"来辩解。我以为，"用教材教"本身意味着要尊重教材，要把握好教材本身的内在规定性和约束力，我们需要下功夫读懂教材，读懂了用好了，才能跳出教材"用教材教"。

## 二、前后关联读教材

### 1. 关注学段的铺垫和联系

在七年级的"用字母表示数"观课议课活动前，执教老师要我们观察"课堂教学的情趣性"。课堂上，老师设计了这样的导入："1只青蛙1张嘴，2只眼睛4条腿，扑通一声跳下水；2只青蛙2张嘴，4只眼睛8条腿，扑通扑通跳下水；……n只青蛙n张嘴，2n只眼睛4n条腿，n声扑通跳下水"以此让学生知道可以用"n"来表示数。她认为，这样处理，有利于激发学生的积极性。

议课时，我说：中学老师可能认为这样的导入新奇有趣，但我多次在小学四年级"用字母表示数"听过这样的导入。由这样的导入方式讨论到教学目标，我认为，小学生已经知道可以用字母表示数了，初中应该把重点放在指导学生用字母来表达数量关系和变化趋势，为即将学习的函数奠定基础。

通过这个例子，我们的建议是：作为学科教师，眼睛不要只盯在自己这一个学段上，小学和初中、初中和高中不要相互隔膜，低段和高段也不要彼此陌生，各个学科之间不要"老死不相往来"，都应该读一读彼此的课程标准和教材，避免教师教得兴致勃勃，学生一脸冷漠。

2. 学期之前先要通读教材

进入年段，我建议学期教学之前，一定要做通读教材的功课。曾经看一个资料，说美国对新参加工作的教师进行入职教育，也搞师带徒。不过不像我们国家，直接教如何备课，而是首先让新入职的教师通读教材，梳理整个教材的体系，知道内容分布和重难点摆放，然后才共同讨论和分析如何处理教材。从资料上看，这样做，新入职的教师进步很快，收获很大。我以为，这样做，新教师不仅可以胸有成竹，不致手忙脚乱、顾此失彼，而且有利于养成全局意识、整体意识。对于通读教材的目的和标准，天津教科院的王敏勤教授认为要"熟悉本学科的课程标准，了解教材编者的意图，清楚整个学段教材的逻辑线索，能够把前后相关的知识整合起来"。

3. 让单元教学成为整体

前后关联读教材要读出单元教材的结构、内在联系和区别。在北师大版教材"快与慢"单元里，前后有两篇文章，前一篇是《和时间赛跑》，后一篇是《欲速则不达》。两课在一起，你就需要琢磨了，你不能今天讲《和时间赛跑》，明天又以"不能太快了，太快就会'欲速则不达'"的定位讲《欲速则不达》。这可能让你自相矛盾，也把学生弄得稀里糊涂：到底是要我们和时间赛跑，还是要告诉我们避免欲速则不达？我上这两课，研究教材，确定的教学内容是把前一课的主题定为"人要死，人的生命和时间有限，在有限的生命里，我们要和时间赛跑"，这是时间长河中的生命教育；后一课的主题定为"我们要抓紧时间，但抓紧时间要遵循常识和规律，不然就会欲速则不达"，教学内容的重点是在时间中生活，我们要遵循规律。在这一单元，还有一篇《挑山工》的课文，这篇课文的教学内容是什么呢？我认为是"坚持"，只要选准了目标就要坚持，一步一步积累，坚持下去，最后就可能达到目的。这样，三篇文章一篇学如何抓紧时间，一篇学在抓紧时间的时候要遵循规律，一篇学选定目标和方向以后就要坚持，这就有了合理利用时间的有机整体。

再举一个例子，曾经在人教版六年级小学语文教材中，看到《桂林山水》和《林海》两篇文章是放在一起的。对于《桂林山水》的第一段（人们都说："桂林山水甲天下。"我们乘着木船，荡漾在漓江上，来观赏桂林的山水。）到底该如何理解？"桂林山水甲天下"在这里到底起的什么作用？这是一些老师向我提过的问题。

我看了一些资料，大多朋友说这是总写，是总的概括。于是在处理上，自然是"总——分写水——分写山——总体写山水"的结构。我觉得这样处理不是很好，而且没有道理。为什么没有道理呢？因为从叙事的文字看，首先这是"人们"在说，不是作者自己在说；其次，没有去过的时候，就不能把道听途说的东西当作真实的判断来写，我们应该有一种实事求是的态度和文风。那这里的"桂林山水甲天下"起了什么作用？是听到了一个广告："人们都说：'桂林山水甲天下。'"听到这个广告，引起了游兴。它是游览桂林山水的原因。

这样的理解是可以用后一篇《林海》来做印证的。《林海》的开篇是："我总以为大兴安岭奇峰怪石，高不可攀。这回有机会看到它，并且走进原始森林，脚踩在积得几尺厚的松针上，手摸到那些古木，才证实这个悦耳的名字是那样亲切与舒服。"老舍先生这里是去过了，有了一个整体的感受了，总体写出自己的感受来，这才算是总写。

两篇文章结合起来一并处理，我们就可以引导学生从中学习游记的两种叙事和结构方式：一种是从起因入手，在现场对不同景物观察想象，把这样的过程写出来，是一种顺叙的方式；第二种是已经游过了，倒过来以"总——分——总"的"倒叙"结构叙事。这正是课文作为样本的丰富样式，也是可以滋养学生表达的丰富样式。

## 三、知人论世研究教材

有一位老师教《滥竽充数》，我去观课。这位老师在教学导入以后，先进行识字教学，然后是学生读课文，读了几遍课文，学生默读思考："南郭先生为什么能滥竽充数？他是怎样滥竽充数的？"接着教师引导学生想一想："读了这个故事，你明白了什么道理？"对于故事的道理，教师认为主要是

"做人要有真才实学才行,不能不懂装懂"。课堂教学倒也中规中矩。

课后议课,这位老师说:"我觉得这个寓言很简单,用不着花太多的功夫。学生读一读,明白做人要有真才实学才行的道理就行了。"对三年级的学生来说,上得太深、太复杂肯定是不合适的,说多了学生也未必能懂。但这位教师对教材和教学内容的态度使我充满担忧,一位老师如果对教学内容漫不经心,满足于一知半解、浅尝辄止,怎么可能给学生以相对深刻的引领和帮助?

于是,我试着和她讨论这样一些问题:"南郭先生为什么能滥竽充数?""滥竽充数的责任只在南郭先生吗?""作者写这篇文章的目的到底是什么?""这篇文章的寓意我们真正读到了吗?"

这篇寓言想告诉我们的东西到底是什么呢?回答这样的问题最好回到作者那里去。孟子说:"颂其诗,读其书,不知其人,可乎?是以论其世也。"这是要知人论世。《滥竽充数》来源于《韩非子·内储说上》,从"知人"的角度看,作者韩非子是怎样一个人呢?韩非子是法家代表,法家的人性立论是人性恶:人的好利的本性出于人的本能需要,对于人的好利本性,我们不能改变它,但可以采取赏与罚等制度和手段来利用它,由此提出法治的主张。由此推测,依韩非子本意,南郭先生的行为并不属于他要批评的对象。再从"论世"的角度看,韩非子写这个寓言是要给谁看呢?很显然,不是普通的老百姓,而是当政的君王,文章是要让君王明白他所说的道理。当我们把视角转向针对君王的时候,我们会发现,"齐宣王使人吹竽,必三百人。南郭处士请为王吹竽。宣王悦之,廪食以数百人。宣王死,湣王立。好一一听之,处士逃"蕴含的道理应该是:老百姓都是趋利避害的,君王的爱好,以及根据其爱好所形成的管理制度会让老百姓有不同的选择;当政的君王,要建设一个好的选人用人、体现人的本领、能发挥人的积极性的制度。这应该才是这篇寓言的原初寓意。但是历代的统治者不愿意让天下百姓把心思用在琢磨政策的合理性上——当老百姓天天把眼睛盯在制度、政策上,都在研究制度和政策合理性的时候,他还怎么为所欲为?于是就实施愚民政策。这样,原初的寓意也就被有意遮蔽,寓意也就成了:你不要管别人,你自己做人要有真才实学,你不要不懂装懂。这成了这个寓言被普遍理解和接受的道理，也可以说这已经出现了一种寓意转移的现象。

应该怎么对待原初寓意呢？今天，时代已经提出了进行公民教育、培养现代公民的教育要求。什么是公民？与公民相对的是"臣民"和"私民"。"普天之下，莫非王土，率土之滨，莫非王臣"，把当官的看成"父母官"，这是臣民和小民的心态和行为。臣民是缺乏独立人格、依附于他人的臣民，说到底也是私民，大家都是皇帝老子的子民。在皇帝乃至父母官面前，臣民缺乏的是权利意识——"君要臣死，臣不得不死"。另外一种私民是"各人自扫门前雪，莫管他人瓦上霜"。"肉食者谋之，又何间焉？"他们只顾个人利益，只讲自己的权利，不管团体利益、国家利益，不讲自己的义务和责任，这样的人缺乏关心公众利益意识，缺乏公共责任担当的能力。进行公民教育、培养现代公民，需要培养学生关心公共生活，参与公共生活的意识和能力。可以说，从渗透公民教育的角度，《滥竽充数》的原初寓意是一个极好的教学材料。

我也可能是误读，当时是想让老师们注意这样一个问题：不要轻率地说"教学内容很简单"，同时也想以此为例，说明读教材不要只看文字，还要看一看作者本人的意图和可能的演变。

当然，有了这样思考以后，也不能放弃让学生明白"做人要有真才实学"的寓意，这不仅因为已经约定俗成，而且理解这样的寓意，也是有利于学生的成长和进步，有利于未来生存和生活的。

### 四、结合原文研究教材

读懂教材的另外一个法子就是找原文读一读。因为种种原因，进入教材的文章大多有所删节和调整。你要更深刻地理解课文，就最好找原文来看一看，做一些比较。现在，网络已经为检索原文提供了方便，我们可以借助网络研读教材。

也举一个例子，北师大版教材收录了张晓风的一篇文章《我喜欢》，原文4123字，这么长的文字当然需要节选，选进教材时938字，不到四分之一了。有的老师没有读原文，拘泥于这938个字，也没有琢磨第11自然段以后的"……"是什么意思，教学的精力主要在"作者喜欢了什么"的片段分析和欣赏中。

读过原文，我发现，这样的设计走入了歧途，因为原文中作者喜欢的东西太多了，可以说是见一样喜欢一样，所有的东西都让作者喜欢，用"作者喜欢了什么"提问和组织教学不仅挂一漏万，而且没有真正读懂作者。不这样教应该怎么教呢？我发现，原文中作者之所以有说不完的"我喜欢"，是因为"我喜欢生活"，可以说没有"我喜欢生活，而且深深地喜欢能在我心里充满着这样多的喜欢"这样的心境和态度，就没有办法唱出这一充满深情的"喜欢之歌"。热爱生活，喜欢生活，心里充满着喜欢才是更深刻和更有价值的东西，才是文章的主题和核心，也是本课学习的一个重要内容。由此，我在教学中确立了这样的一个教学目标：在品味和感悟语言时，引导学生感悟美的心境，学会欣赏当下的生活，修炼发现美的眼睛。

教师读原文还可以避免一种尴尬，那就是学生读过原文而教师没有读过，教师对于教材背景的底蕴和理解不如学生。执教《最后一头战象》时，我提出了一个需要阅读原文才能回答的问题，本意是引导学生去阅读原文，向课外延伸，没有想到有几个同学举手要求回答这个问题，他们是读过原文的。我趁机调查一下，发现有三分之一的同学已经读过原文了。这时我暗自庆幸，甚好，我读过原文了，不然就会被学生轻视。

教师读原文的另外一个好处是，教师读过了，就有资格进行阅读原文的阅读指导了，这可以更有针对性地把学生的阅读兴趣引向原文，扩大学生的阅读视野，提高学生阅读原文的质量。

## 五、从细节处研究教材

抄写课文是更好地从细节处研究教材的一个有效方法，这是我个人的一条经验。我中师毕业以后分到中学，一直教地理。近几年进行观课议课，有时也给中小学生上一上课。自己对语文不熟，担心音读错了、字写错了和其他一些问题，所以若有时间，我要抄写一遍课文，后来发现抄课文是细细阅读教材、研究教材的一种方式。和我一样不太熟悉教材的朋友，或许也可以试一试。

也举一个例子，我曾经受邀上《劳动的开端》，因为对教材不是太熟悉，我在课前抄写了一遍课文，抄写中，我注意到了"我很想多挑一些，试了试，挑不动，又去掉一点"中"一些"和"一点"的不同。做出了这样的准备，后来的课堂教学就有了以下的进程。

师：谁再来说一说你觉得写得很生动很形象的句子？

生：我找的是第13自然段。"我很想多挑一些，试了试，挑不动，又去掉一点。"我觉得"我"很关心家人。

师：这句话很有意思，你找到了一句我也认为很重要的话。你从哪里感受到"我"很关心家人的？

生：因为家里很穷。

师：还有吗？

（生疑惑）

师：其他同学想要帮你了，他们觉得你答得不够圆满，是你再想一想，还是听听其他同学的意见？

生：听其他同学的意见。

另一生：我从"很想多挑一些"读出他很爱他的家人。

师：为什么呢？

生：多挑一些就可以多挣钱，就可以更好地养家糊口。

师：这个地方你抓住了"一些"，不错的。后面有个词和这个词结构差不多，是什么？

生：一点。

师："一些"和"一点"又有什么区别？什么地方用的"一些"？什么地方用的"一点"？在"一些""一点"之间又发生了什么呢？

生："一些"的分量较多，"一点"是指只在"一些"里面去掉"一点"。

师：对，"一些"肯定要比"一点"多。刚才我们分析了他很想多挑一些，目的是……

生：多挣一些钱。

师：但是后来又怎么样了？

生：因为挑不动，去掉了"一点"。

师：去掉的是"一点"，去掉的很少。你可以想象一下，他是去掉"一点"呢，还是一点一点地去掉？

生：是一点一点地去掉。

师：你来说说，为什么是一点一点地去掉？

生：因为他很想多挑一些，不想去掉很多，就一点一点地去掉。

师：一点一点地去掉，作者心里会怎么想？

生：他会很难受，觉得自己力不从心。

师：去掉一点，试一试，年龄小，力气不够，挑不动。他只好再去掉一点，这样就耽搁了时间，矿上的办事人不耐烦了，他怎么说？

生：你要不挑就算了，别找麻烦！

师：我们来分角色读一读，读出"我"想多挑却挑不动的失望，读出矿上办事人的不耐烦。

（两组学生分角色读）

师：你看，这里的文字真有意思。我们要谢谢刚才提出这个句子的同学。

为什么抓住"一些"和"一点"做文章呢？一方面，这里有小主人公想多挑一些，为家里解除饥饿的善良愿望，又有年龄小身单力薄第一次挑煤挑不了多少的无奈；另一方面，也是更重要的，正因为有了去掉这"一点"又"一点"的可能几次的反复，由此耽搁了其他人挑煤的工作，这才有矿上办事人的不满态度——"你要不挑就算了，别找麻烦"。对于矿上办事人的这一句话，我没有从"反映和表达了阶级对立"的角度去处理，而是从生活常识的某种可能性中去善意地引导学生理解和感受。

这就涉及文本理解与处理的时代意义和现实价值的取舍问题，也就是"为什么而教"的问题。我以为，在鼓吹革命的年代，我们需要动员抗争，需要理解抗争的合理性和正当性,需要反对压迫的视角;而在理解他人,共建和谐社会的时代,我们则更需要从生活的常识去善意地、宽容地理解生活中他人的行为。基于这样的思考,我再说一说对这篇课文的插图(见图十三,北师大版语文教材第十册第52页)的看法和处理。

图十三　《劳动的开端》插图

插图中的主人公是一个愤怒的形象,一个准备反抗的形象。但我以为这样的形象并不符合自己去挑煤,一不留神摔了一跤的12岁少年的心理和表现。在这里,我是不主张让学生体会愤怒的,我害怕由此培养出缺乏理解、忍耐和宽容的人,害怕由此培养出仇视和报复社会的年轻一代。当然,有了这样的理解,对于小学生,我们是不必把这些东西都说出来的,但我们可以不在这幅图上花精力,在学生现有理解和接受上翻不过去的东西,我们可以绕过它。

我要承认,我这样处理,是个人基于"为什么教"、"我们应该培养什么样的学生"的理解采取的方式,也未必合理。

还值得一说的是,抓住细节的教学有利于培养学生对细节的关注。这一节课结束前,我和同学们还有这样的回顾:

师:说一说,学了课文,你有什么样的收获和体会?

生1:我的收获是学会了怎样理解句子。

生2:我还知道了怎样更深层次地去学习文章中的一些词语和句子,

和文字里面的含义，比如"一些"和"一点"。

生3：我知道了怎样把句子写得更生动，更形象。

## 六、在教学反思中重新认识教材

教师对教材的认识与处理难免有偏颇和错误，保持开放的态度，不断修正偏颇和错误是教师行动研究的一种方式。开放无疑应该是全方位的，但最重要的是向实践开放，向学生开放，在实践中反思，向学生学习。

还是以我自己的经验为例。我曾经执教《晏子使楚》，基于教学是选择和平衡的艺术的理解，我的教学定位是：体会外交场合下的语言艺术，学习聪明地表达，聪明地听话。外交场合下的语言有什么特点呢？我自己对课文进行分析，认定是话里有话，并不直接和明确。但在课堂上，对于我的提问"你认为外交官的语言有什么特点"，第一个学生的回答却是"干脆直接"，我请他举例，他说："楚王问晏子'难道齐国没有人了吗'的时候，晏子严肃地回答'这是什么话'就很干脆直接。"我意识到自己备课的时候是一叶障目了。保持教学的开放，利用学生的发现，我相应提出了这样的问题："比较进城门时的交流方式和这一次对话的方式，你注意到有什么差异？为什么有这样的差异？"通过对这个问题进行讨论，同学们意识到：第一次是针对晏子个人——让晏子从城门洞进去，小不忍则乱大谋，晏子只是"看了看"；这一次是针对自己的国家——"难道齐国没有人了吗"，是可忍孰不可忍！晏子采取了正面回击的方式。个人脸面事小，国家尊严事大，不同的态度，不同的应对。正是这样的区别，反映了外交官的修养。这就使晏子的爱国行为更加具体而形象。

很多类似的经历使我愿意和老师们说：老师的教学不是付出，而是收获；老师不是"蜡烛"和"春蚕"，而是教室里不断生长的"一棵树"，教学滋养了我们，学生帮助了我们；开放的教学带来教学的幸福！

在取舍与得失中，我们需要妥善处理教学时间、教学空间的有限性与学生发展目标的全面性的矛盾；需要处理学生生活世界、社会经验的有限性与人类生活经验、人类活动世界的无限性的矛盾；既定位于学生全面发展，又意识到一节课不可能解决学生全面发展的所有问题，有所选择，有所放弃，在"有所不为"中"有所为"。

# 合理选择和组织教学内容

## 一、根据学生实际处理教学内容

有一位老师上北师大版语文第六册《山沟里的孩子》，上课结束后，他说："我最不满意的是没有情绪。学生没有情绪，我也没有了情绪，最后心里只有一个想法，快一点结束，早一点下课。我在备课的时候，被文本中优美的文字深深感动，没有想到学生根本不为所动。"

为什么会这样呢？我以为是因为课文中最容易打动学生的东西到底是什么，老师可能没有想清楚。语文教师想到的是优美的文字，而三年级学生关注的可能是故事，一般情况下，他们是很难首先关注文字和字词，并生出对语言文字的直接兴趣的。教师要以优美的文字为起点和重点，这就必然和学生的需要错位。从学生需要的地方入手，相对有效的方式是从故事入手，以此为起点，使学生对文字产生出兴趣来，然后对语言文字下功夫。

由此我们可以反思语文教学中的问题：有没有从语文教育专业工作者的理想视角设计多了，对儿童读课文、用语文的习惯和方式考虑少了？这样实践的结果，会不会让语文教学和生活中的言语实践疏离得太远，使学生的语文学习变得困难，并由此失去了兴趣？……

语文学科是这样，其他学科是不是也存在这样问题呢？应该说，把自己的学习经验带进教学中，这是一个好的习惯，但这一好习惯也可能成为一柄双刃剑：一方面，自己是从学生走过来的，可能更理解学生的学习经验，更能给学生提供切实的帮助；另一方面，这也可能拔高对教学的要求，以专业教师的思维和行为方式要求自己的学生，对学生提出难以企及的学习要求。1941年，叶圣陶先生在《如果我当教师》中曾经有过这样的观点："我不忘记各种功课有个总目标，那就是'教育'——造就健全的公民。每一种功课犹如车轮上的一根'辐'，许多的辐必须集中在'教育'的'轴'上，才能成为把国家民族推向前进的整个'轮子'。这个观念虽然近乎抽象，可是至关重要。有了这个观念，我才不会贪图省事，把功课教得太松太浅，或者过分要好，把功课教得太紧太深。"我们不能"把课教得太深太紧"，我想这是今天的老师要格外警醒的。

　　一位语文老师回到办公室，跟同事们苦笑着说："今天上课把人都气死了。"办公室的同事围过来："怎么回事？"这位老师说："我给学生讲的是《朱德的扁担》，快要结束的时候，我向学生提出了这样一个问题：'战士们为什么要把朱德的扁担藏起来？'站起来的一位同学回答'因为朱德的扁担更好吃'。我开始以为他在捣蛋，可看他的表情不像，而且这又是一位成绩比较好的同学。这时，下课的铃声响了。下课以后，我找到他，问他到底是怎么一回事，你猜他怎么回答？他说他没有见过扁担，不知道，心中想到了鸡蛋、鸭蛋，就想是不是朱德的扁担更好吃。我哭笑不得，他连扁担都不知道！你看今天的学生气人不气人？"

　　"学生应该知道什么是扁担"，这是绝大多数老师心中一个潜在而肯定的假设。事实上呢？让我们用美国教育心理学家奥苏贝尔的观点结束对这个问题的讨论："如果我不得不将教育心理学还原为一条原理的话，我将会说，影响学习的最重要因素是学生已经知道了什么，我们应当根据学生原有的知识状况进行教学。"

## 二、根据文体特征处理教学内容

教育应该因材施教,这里的"材"首先指学生的"材",其次是指学习材料的"材"。我们应该根据学习材料的特征设计和实施教学。

有一位老师上《问银河》,先让同学们交流和收集银河系知识。在学生的交流与讨论中,银河系的成员、太阳系在银河系中的位置、银河系的运行特点和规律等知识点得到分享。

课后,我与这位老师讨论,我的问题是:《问银河》的诗歌内容和样式表现了宇宙的神秘、悠远、深邃,激发的是猜想和求索。现在,就在学生准备想象、探索和猜想时,你却让学生讨论和交流,直白地让学生知道宇宙里面有什么、没有什么。这样一来,对于即将学习的"银河,银河,/请你告诉我:/你那里有没有长着胡子的小虾?/有没有穿着硬壳衣服的田螺",学生还会有想象的热情和积极性吗?这样的讨论与交流给教学和学生带来的是什么?我以为,这是没有把握好文本的特征,在课堂上用科学的事实损害了文学的想象。

另有一位老师上《海底世界》,在处理"海底的动物常常在窃窃私语。你用水下听音器一听,就能听到各种声音:有的像蜜蜂一样嗡嗡,有的像小鸟一样啾啾,有的像小狗一样汪汪,还有的好像在打鼾。它们吃东西的时候发出一种声音,行进的时候发出另外一种声音,遇到危险还会发出一种警报"时,让学生想象着说一说"还有的声音像什么",以此启发学生的想象力,培养学生的表达能力。

在这里,教师的动机值得肯定,但这样处理是否合适却值得怀疑:这是一篇说明文,科学的说明文应该是基于观察和研究的,应该给读者以确实可信的东西,而不是想象、臆测的东西;把想象的东西放在这里,不仅是对科学事实的不负责,写出来了也是对读者的不负责;再从文本本身来看,这里也没有用"……"预留想象的空间。我以为,这里的"有的……有的……还有的……"的句式练习,不宜用来培养想象力,最好用来培养观察能力,比如可以提出"观察教室里听课的老师,用'有的……有的……还有的……'

说一段话"的观察要求，让学生在观察的基础上，把不同的对象和他们的特征有条理地表达清楚。

在一次和教师们交流的时候，有一位教研员这样提醒我，说这里的想象主要是为了练习"有的像……一样……"的表达。我感谢他对我的帮助，同意这样的表达是有意义和价值的，而且也为自己在教学中只进行了"有的……"的句式练习感到遗憾——我降低了练习的难度。但在表达方式和意义真实上，我可能还是会优先考虑文体本身的科学性要求，并以此规范自己和学生的行文。

不同文体的篇目要因材施教，同一篇目内不同性质的文体也需要采取不同的处理方法。

以人教版六年级课文《"精彩极了"和"糟糕透了"》为例，这篇课文既有鲜明的人物心理活动，又凝聚着真挚的感情，渗透着深刻的人生哲理。文章从大的结构看，有两大部分：第一部分有强烈的感情期盼和表达，我以为，有感情地朗读（或分角色朗读）是和文本特征合拍的一种阅读方式；而在第二部分，主要是对两种爱的理性思考，以及对两种爱的效用的理性表达，我认为，用有感情朗读的方式则可能使对文章的认识和理解陷于表面和浅薄，最好的方法是默读思考，边读边想边勾画。

接下来，我们可以讨论一下教师的教学风格问题。很显然，教师应该有自己的风格和特色，但教师又不能固守一种风格，只采用一种风格。一方面，教育应该给学生以更丰富的生活样式展示，学生需要在课堂上接触和认识更丰富的世界，成为一个应对丰富世界的更丰富的人。另一方面，基于为学生的丰富人生奠定基础的目的，教材的样式、风格本身也应是丰富的；基于因材施教的原则，教师需要理解和把握丰富的教学样式与手段，一个优秀教师不能仅仅会一种教学样式，以一种教学样式"包打天下"。

### 三、有结构地处理教学内容

《国家中长期教育改革和发展规划纲要》指出："要着力提高学生的学习能力、实践能力、创新能力，教育学生学会知识技能，学会动手动脑，学会生存生活，学会做人做事，促进学生主动适应社会，开创美好未来。"这在以往的"实践能力""创新能力"前面增加了"学习能力"。

教学需要运用和发展学生的学习能力，运用和发挥学习能力是当前学习效率的保证，发展学习能力则为未来学习、终身学习奠定基础。从这种意义上，我们可以说，好的教学是发挥和发展了学生学习能力的教学。

提高学习能力的一条途径是有结构地教学，让学生理解结构，掌握结构，运用结构。布鲁纳说："与其说使学生掌握学科的基本事实和技巧，不如说是传播和学习结构。"在结构主义教育思想看来，所谓学科的基本结构，不仅是指掌握某一学科领域中科学知识体系的基本概念、基本原理以及它们之间的相互关联性，而且指掌握该门学科的态度和方法。我认为，结构不仅是知识、方法和态度的架构与体系，也是认知的地图和解决问题的模式，是继续学习的工具。

以寓言的教学为例。寓言本身内蕴着结构："寓"意味着存放和寄托，"言"意味着道理和启示；寓言就是藏着一些道理的故事。这样，故事（故事本身也有时间、地点、人物和事件的结构）和道理成了寓言的基本结构。基于对寓言本身结构的理解，学习寓言首先要读懂故事，然后要明白道理，这是学习寓言的基本结构。因此，我们在执教寓言时，可以先学故事，然后体会道理，用这样的结构教学几次，以后学生拿到寓言，就知道先要看是一个什么样的故事，然后自己琢磨里面藏着什么道理。这时，我们就可以实现由"教"到"不教"的放手。

再举一个数学的例子。图十四是苏教版四年级下册（第 91 页）"解决问题策略"的问题情境，教材的问题是："你能画图或列表整理题目的条件和问题吗？"用教学生结构的视角看教材，我们会发现这样的要求存在问题。

如何解决问题呢？我们可以找出这样的常用结构：一是明确所要解决的问题；二是分析解决问题的条件；三是发现问题和条件的关系，提出解决问题的假设和方案；四是将假设和方案用于问题解决，并根据实际情况做出调整和修正；五是对解决问题的思路和方法进行回顾和整理，获得解决问题的经验，形成解决问题的模型。在这样的结构中，确定问题是第一步，而不是在问题都不明确的情况下找条件。

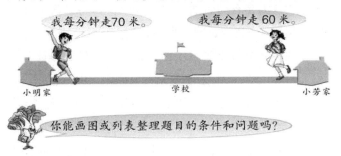

图十四 "解决问题策略"的问题情境

先有问题,后找条件,这不仅是解决数学问题的结构,也是解决生活问题的结构。有了教学生结构的意识,我们在处理教材时就应该做出调整,把学生的活动要求变成"你能画图或列表整理题目的问题和条件吗"。这样,列表整理的结果就不再是教材中给出的参考答案(如图十五所示),更合理的图表可能如表一所示。

图十五 教材给出的参考答案

表一 更合理的列表整理

| 问题: | 条件一:小明从家到学校 | 每分钟走 70 米 | 走了 4 分钟 |
|---|---|---|---|
| 小明家到小芳家的距离 | 条件二:小芳从家到学校 | 每分钟走 60 米 | 走了 4 分钟 |

这个案例同时告诉我们,教师应该创造性地改造和开发教材,要有对教学内容进行重组和再造的意识与能力。

再举两个例子。

有教师教加法交换律,要求学生写出数字证明"两个加数相加,交换加数的位置,和不变"(这种证明方式是否合理,这里姑且不做讨论),我观察周围的学生几乎都是先写两个数字相加（比如"$a+b$"），然后写等号，最后把两个加数交换位置写出来（比如"$b+a$"）。我问授课教师怎么看，授课老师说没有问题。我认为是有问题的，因为学生这样写是认可规则以后的运用规则，而不是在用例子证明这个规则。证明这个规则必须采取这样的结构：第一步要先写任意的两个数相加（比如"$a+b$"）；第二步要写出交换位置的两个加数（比如"$b+a$"）；第三步是对"$a+b$"和"$b+a$"进行计算，观察得数是否相等；第四步，如果相等，再在他们之间写上"＝"。这是证明这个规则的结构，教学应该教出这样的结构。美籍匈牙利数学家波利亚曾经建议："在教一个科学的分支（或一个理念，一个概念）时，我们应当让孩子重蹈人类思想发展中的那些关键性的步子……"我以为，关键性的步子就是一种结构，重蹈这些步子就是学习发现和解决这些问题的结构。什么时候学生这样写就没有问题了呢？那要在等到这样的等式被证明以后，这便是从证明到运用、从产生到发挥作用的结构。

还有一位老师上化学课讲金属的性质，在学案上明确了学生要做不同金属和酸反应的分组实验，并写出用于实验的不同金属与酸反应的化学方程式。我观察学生的学案，多数都在没有做实验的时候，就已经写好了反应方程式。我和授课教师交流，我说在布置前置性学习的时候，一定要给学生指导，这里的反应方程式是不能写的，因为没有做实验，你就不能写出实验的结果。实验教学的结构是什么？第一步是要根据要求做实验，第二步是要观察实验现象，第三步是要分析试验中的现象和生成物，第四步才根据实验现象写出反应方程式。我们的教学要让学生明白：即使前人成千上万次的实验已经得出了某个结论，但只要自己还没有做实验，就都要把前人的实验结论看成一种假设，必须自己去观察、去发现、去分析，必须尊重自己的实验，不要一开始就当成儿戏，一开始就承认和接受了别人的结论。这样的教学结构才能真正培养出尊重事实、不迷信权威、理解实验规范和意义、有创造性的人才。

总结一下，教学是要把学生教得更聪明的，聪明的学生应具有良好的认知结构，而形成学生良好的认知结构需要有结构地教学。

## 四、教学实践中的合理取舍

### 1. 教师要有"舍""得"意识

俗话说:"舍得舍得,有舍有得,不舍不得。"我们提倡教师要深读教材,广读教材,但深读和广读的目的在于预备,而不是一股脑儿都要教给学生。走进教室,教师一定要有"舍"的意识。老子说"弱者道之用",道者,导也。"示弱"和"用弱"是发挥引导作用的基本原则和方法。教师在教学实践的"舍得"有一种"实则虚之"的艺术:老师要先在仔细研读教材的基础上充分地"有";有了"有"的基础,在课堂上、在同学面前要"舍"掉自己的"有",要"有似无"——不表达出来,不强为。这使学生不发现老师的"有",不对老师产生依赖;同学们只能在老师的指引下,自我发现和创造;最后的目标是同学们能"无中生有"、有所"得"。

### 2. 对教学内容进行取舍

致力于教学生生存的本领,让学生获得生活的智慧,并在教学活动中体会生命的价值、尊严和意义,这是我们在课堂教学中的基本追求。但我们又必须意识到完成这样的任务是一个长久的过程,需要经历一定的发展阶段,一节课就是一节课,教学内容太多就容易蜻蜓点水,学生什么也得不到。

实践中有很多老师的教学"失之过多",过于贪大求全,面面俱到,导致教学的主线条不清,任务不明,无论是知识与技能,还是过程与方法,抑或情感态度与价值观,都没有使学生获得深刻体验。

一位老师上八年级的地理讲工业的分布。工业的分布涉及工业带的分布、工业城市、影响工业分布的原因等教学内容。上课教师把主要精力用在工业城市的学习上,分析城市的工业类型等。

就我看来,这位老师的教学取舍是存在问题的。工业城市的学习不是不重要,但在初中阶段的学习中,过于看重就没有抓住重点。一方面,工业城市太多,学得太多、记得太多,加重了学生的学习负担,学生在机械的记忆中可能失去学习地理的积极性;另一方面,随着国民经济的发展,产业的调整和更新换代，工业布局的调整，几年、几十年过去，城市的工业类型、工业城市的增减都会有很多变化，这样，花了很大力气学了也未必真正有用。

如果我来教，我可能就会把工业城市的学习舍掉一些，把节约出来的时间用在学习工业带的形成原因和工业带的分布上：先从工业需要资源的角度分析辽中南工业带的形成；再从市场角度学习沪宁杭工业带的形成；接着从交通便利的角度分析分析东部密集和西部稀疏的原因；接着介绍国家西部大开发的政策，让学生体会政策对工业分布的影响。这样，让学生初步感受影响工业分布的原因主要是资源、市场、交通和政策就行了。在这里，我"舍"的是具体地理事实的记忆，"得"的是人地关系的分析和理解。

在取舍与得失中，我们需要妥善处理教学时间、教学空间的有限性与学生发展目标的全面性的矛盾；需要处理学生生活世界、社会经验的有限性与人类生活经验、人类活动世界的无限性的矛盾；既定位于学生全面发展，又意识到一节课不可能解决学生全面发展的所有问题，有所选择，有所放弃，在"有所不为"中"有所为"。

# 相关问题与回应

## 一、居高才能临下，深入才能浅出

问：陈教授，你也知道，我们一线教师时间很紧，压力很大，我们承认我们对教学内容的研究不够，研究教材也不充分。现在的问题是，我们读得很多，课堂上学生接受不了，还不是白读？加上我们又没有那么多的时间读。

回应：我知道老师们的困难，但我又以为，研究教材，让教学内容对学生更合适、更有吸引力，是解决你所提出的困难的一个途径。比如，曾经观察一位小学语文老师进行识字教学，一节课80%的精力都在读音教学上，读准字音的方式花样翻新，也借用了几种媒体。我以为这位老师对教学内容的研究和处理是存在问题的，因为识字教学的目标应该包括会认字、会写字、会用字，也就是要尽可能抓住音形义三个要素有所侧重地教。汉语又是母语，读音上的问题已经不大，这样教没有抓住重点。正因为一节课学的内容没有太大的价值，我注意到，下课的时候，有一位同学嘟哝了一句："终于下课了！"

曾经有老师问我教师研读文本的意义，我说除了使教学内容更合理、让学生学得更好等对学生的意义和价值外，对自己至少还有这样一些好处：

首先是可以把自己培养成一个文学人，像读文学作品一样读课文，提高自己的文本阅读和理解能力。

其次是让自己能把教学的方方面面都尽可能想到，这可以使自己上课不慌，而且借助对教材的认识和理解，还可以获得学生的敬佩。2012年下半年，我曾经和成都市泡桐树小学的一些语文教师研读文本，在集体研读《毽子里的铜钱》以后，年轻的林晓俊老师执教。上课结束，同事们称赞她："这一节教学晓俊很有一些大师的风范。"林晓俊老师说："这一次主要是认真研读了教材，底气足了。"为什么像大师？为什么能淡定？因为对未来的可能性都想到了，都预备了，能"兵来将挡，水来土掩"。如来佛知道孙悟空跳不出自己的手掌心，他才能如此从容淡定。你自己没有对教材认真研读过，你慌不慌？我们平常说居高临下，深入浅出，可以说不居高不能临下，不深入就不能浅出。

第三是可以奠定教学创新的基础。在完成基本的教学任务以后，教师可以在自己研读文本的收获中选取某一个点进行突破和创新，这可以使自己的教学在保底的情况下有一点自己的特色。因为研读教材可能带来创新的设想，可以教出一点自己的东西，未来的教室就会有吸引力，教师就可以憧憬一种创造和超越的幸福生活。

这样的阅读的确可能要多花一些时间，但我们可以通过同事间的合作有分工、有侧重地来研读。比如，有的研读诗歌、有的研读小说、有的研读散文；有的研读李白，有的研读安徒生……这是节约时间的一种方法。还有就是要形成自己的教学档案，存在电脑里或U盘里，每册一个文件夹，文件夹里每课再设一个文件夹，文件名就是课文名，教材分析、教案、课件、图片、音频、视频、教学反思都在里面，看到相关的资料添加进去，有了新的发现和想法就补充进去。建立了这样的文件夹，我们才不至于"猴子掰包谷，走一路丢一路"。

既然我们是一辈子都要当教师的，都要干这件事，就要上心好好干，这样的准备和积累就一定要做。

## 二、研读教材的过程与结构

问：陈老师，你能不能说一说研读教材、确定教学内容的基本过程和基本结构？

回应：上海著名的特级教师于漪老师曾经有三次备课的经验：第一次备课是备自我，不看任何参考书与文献，全按个人见解准备教案；第二次备课是广泛涉猎，仔细对照，"看哪些东西我想到了，人家也想到了。哪些东西我没有想到，但人家想到了，学习理解后补进自己的教案。哪些东西我想到了，但人家没想到，我要到课堂上去用一用，是否我想的真有道理，这些可能会成为我以后的特色"；第三次备课是边教边改，在设想与上课的不同细节中，区别顺利与困难之处，课后再次"备课"，修改教案。

借鉴于漪老师的经验，我说一说自己的理解：

第一步还是要直扑文本，直奔教材而去。不论过去教得如何，要把过去的经验先放一放，先以赤子之心直面教材，去发现，去领悟。直奔教材而去首先要发现文本本身的价值是什么，可教的东西有什么。其次要根据教学进行思考，要研究学生可以学到的东西是什么。这是一种教学阅读，要体现学科特点，立足学生实际。比如，在数学教材的研读中就必须从基础知识、基本技能、基本思想、基本活动经验四个方面考察教学内容。再次是对可教的东西进行排序，要比较什么教学内容是更有价值的，什么教学内容对学生是更适宜的。在进行教学内容的价值排序和选择中要有前后关联的意识，要考虑是此时处理这一内容合适还是彼时教学这一内容更合适，在比较中判断价值，在关联中发现价值。比如，我教过《晏子使楚》，就文本来说，可以选择把尊重、爱国、勇敢、聪明等主题作为教学内容，但我注意到，在小学语文课中，关于尊重、爱国、勇敢、聪明等主题的课文都不止一篇，而关于外交生活方式的问题极少，而教学是需要为学生的未来生活打开一扇窗的，于是我选择了借此了解外交生活方式的教学内容。

先不看教参，先不固守自己过去的经验，先不看他人的处理方法，这是教学创新的可能前提，这使"教学中有我"，这是对自己负责的一种态度和方法。

第二步是回顾自己过去执教中的成败得失，借鉴他人的经验，参看教学参考的文本，用于漪老师的思考方式对照比较，形成付诸实践的教学方案。

如果我们说直扑教材的目的在于不要在教学中失去自我的话，广泛涉猎仔细对照则是为了避免我们在教学中"任性胡为"，这是为了更好地对学生负责。

第三步是课后反思，在教学完成以后要有回顾和总结。哪些东西是合适的？哪些东西是不合适的？有没有新的发现和思考？下一次该怎么处理？对这些问题都要想一想，梳理梳理，尽可能形成文字，以作为未来教学的参照。这一步是把教学活动变成教学经验，通过教学活动获得教学经验。这是对自己的未来和未来的学生负责。

这里，我拿一个选择和执行教学内容的案例，请大家批评！

2006年11月26日下午，成都高新实验小学陈校长给我电话，让我在他们学校上五年级的《迟到》，选自林海音的《城南旧事》，是"面对错误"主题单元的第一篇文章。后来听语文老师说，他们觉得这一篇文章不好教，想看一看我如何处理。

## 一、教学设计过程

### 1. 教材研读

晚上回到家，我找到《城南旧事》，特别读了"爸爸的花儿落了，我也不再是小孩子"的文字，了解了文章的大背景。在"迟到"的故事里，作者"在一年级的时候，就有早晨赖在床上不起床的毛病"，在一个下雨天，作者"想到这么不舒服的上学"，就"赖在床上不起来"，结果被爸爸狠狠地打了一顿，由此作者不再赖床，成了一个优秀学生。

在直接面对文章、初步感受教材的时候，我的直觉是：作者六七岁时，"早晨赖在床上不起床"只是缺点，不是错误。基于这样的直觉，我不想上成"面对错误"的主题，而是想引导学生了解作者的成长故事，体会和理解故事中的人物活动和心情，学习一种叙事方法。

再次细读课文，我注意到《城南旧事》语言自然清丽，学生并不难懂，难点在于引导学生认识和理解文中的父亲打作者这一件事。在考虑教学内容的时候，我考虑了四种研读文本的立场：一种是作者通过文字表达的立场，二是教材编写者的立场和意图，三是我（执教的阅读者）的立场和看法，四是五年级学生原有的认知水平和接受能力。在运用四种阅读立场去评价和判断这件事时，又可能涉及三种评判标准：首先是目的的合理性，其次是手段的正当性，三是效果的理想性。

当我从这些方面研读教材的时候，我遇到了困难：

体会作者需要透过文字。读一读文字，我看出作者是肯定这次打的意义和价值的：为什么要打呢？一方面，"在一年级的时候，就有早晨赖在床上不起床的毛病"，这不是偶尔的问题，而是成了习惯；另一方面，这一次是准备"不上学"，要"逃学"了，也就是发展到该挨打的时候了。作者想表明：打也是一种爱。从打的效果看，有了这一次打，即时的效果是作者去上学了，没有逃学；长远的效果是从此不再赖床，每天早早地到学校，成了优秀学生。肯定打的意义和价值，这是读文章、读作者的基本感受。但在理解文章背景时，我又注意到这样两个问题：一是女儿写父亲难免"子为父隐"，价值观念难免偏颇；二是作者回顾挨打事件时又正是父亲在医院弥留之际。这样一来，一篇近乎悼词的怀念文章又难免粉饰和赞美，故事的主题就难免朝着"好父亲"的方向组织——如果作为旁观者，作者是否真赞成这样打就值得怀疑了。

从编者的角度，面对的是批判能力并没有得到充分培养的五年级的学生，编写者总体是不能寄希望学生完成批判性阅读任务的。因此，我只能这样推想：编者选择作者的文字，提供作者的文字，在没有特别说明的情况下，是在向学生推荐作者的态度和观点。在理解和执行教材的时候，我的教学应该让学生得到这样立场。

在读自己的时候，我是不赞成文中父亲的行为的。就文字内容看，第一，孩子毕竟是孩子，预先没有提醒和教育的手段（上课过程中，就有一位学生提出这样的问题："父亲已经在吃早点了，知道女儿要迟到了，为什么不来叫醒？"），这是在"不教而诛"；第二，就算要打，得一个教训也就行了，为什么非得"抄起鸡毛掸子倒转来拿，藤鞭子在空中一抡，就发出咻咻的声音"，以致"那一条条鼓起的鞭痕，是红的，而且发着热"？在教育活动中我并不反对惩罚，但不能为惩罚而惩罚。就惩罚的目的，我以为，一方面是让孩子知道生活中有规范，有惩罚，不能为所欲为；另一方面是让孩子知道需要对自己的行为承担责任，从而恰当地行使自己的自由权利，规范自己的外在行为。而且惩罚的对象应该是行为，不应该是小孩。只有出现对他人造成影响和破坏、危害安全的行为而没有其他办法制止的情况下，我才同意选择相对极端的惩罚方式。同时，在惩罚以后还需要沟通和交流，使受惩罚者明白为什么被惩罚，因为惩罚本身并不是目的，目的在于教育和改变。

从学生的角度看，如果我是学生，我从文本中最容易接受的东西是什么？是父亲的打也是一种爱。我以为，这也不能简单接受。毕竟我们的学生已经生活在现代，而且还要生活在未来。联合国于1989年通过的《儿童权利公约》（中国政府于1992年批准加入该公约）提出了一个基本原则："对人类家庭所有成员的固有尊严及其平等和不移的权利的承认，乃是世界自由、正义与和平的基础……为了充分而和谐地发展其个性，应让儿童在家庭环境里，在幸福、亲爱和谅解的气氛中成长……"该公约第二条第二款指出："缔约国应采取一切适当措施确保儿童得到保护，不受基于儿童父母、法定监护人或家庭成员的身份、活动、所表达的观点或信仰而加诸的一切形式的歧视或惩罚。"

**2. 教学选择**

读文字、读作者、读编者、读自己，彼此之间有了冲突。我很矛盾：一方面学语文是不能不去理解文字和作者的；另一方面作为教师，我又不能不用更加具有普世意义的价值观对作者一人一时的认识和感受进行理解与批判。既理解作者又进行批判是一种合理的教学选择，但具体实践起来会很困难，因为仅仅依靠课文无法完成超越和批判，更为重要的是，对于五年级的学生而言，要在有限的时间里完成这样的批判，也接受不了。

意识到问题和困难以后，我很想放弃这一次教学。但想一想，这一课是老师们点的，我没有理由临阵脱逃，于是准备带着枷锁跳舞。立足于从更深层次理解父亲打孩子的行为，我搜集了毕淑敏的《孩子，我为什么打你》（它提供和揭示了父母"打"与"不打"的困境，表达了父母选择打孩子的无奈和痛苦）准备让同学们阅读。同时，我找寻了电影《刮痧》的相关资料，我想让同学们知道：世界上还有这样一种尊重孩子的文化，他们应该受到保护；今后当了父母以后，也要对孩子有这样的保护意识和行为。

## 二、教学实践

在两课时的时间里，我希望能解放学生，从学生的问题入手组织和实施教学。大体有这样两个环节：首先说一说从文章中读到了什么，特别是如何理解作者对父亲行为的评价；然后说一说自己对父亲行为的认识和理解。两个环节的教学步骤是：先自己读书形成自己的意见，然后同桌交流分享，最后全班交流和讨论。

在全班交流的时候，我对问题进行了分类：关于字词的问题；关于理解故事的问题；关于叙事方法的问题；作者对父亲行为的认识和理解；我（读者）对父亲行为的看法和想法。在交流和讨论"我（读者）对父亲行为的看法和想法"的环节，我出示了《孩子，我为什么打你》和电影《刮痧》的故事梗概。在整个教学中，我的另外一个追求是体现语文的特色，把问题和对问题的答案落实在文字与阅读中。

给学生以自由思考的机会以后，学生的表达十分积极但很零散，五年级同学还难以完成批判性评价的任务。加上我自己有戴着枷锁跳舞的感觉，有点"五心不定"，这两节课没有让自己收获水到渠成的快乐。

## 三、教学后的感悟和体会

因为自己的感觉不好，曾经想过是否还应该再上一次。后来的答案是：还是不上了。立足文本，我需要承认父亲是爱而严格的父亲，但采用这种管教的方式我内心是不能接受的；而批判文本又是通过文本本身不能实现的，同时让学生接受可能还会遇到困难。我不知道下一次教该怎么处理更好。后来还想过，或许可以用更多的时间，把《孩子，我为什么打你》和《刮痧》的电影资料学习一番，做一个主题阅读，但两节课的时间又不够。

由此再想，用这一文本做小学教材是否合适？这里作者写的是"旧事"，而且主要是怀念父亲，这样的文本成人读一读，我们可以用自己的经历读出时光流逝、对父亲的怀念、成长的感悟，但作为教材给小学生读,会不会让学生得出"只要是爱,打也是可以接受的"这样的观念,从而在父权(甚至可以说是家庭暴力)下放弃权利当顺民?当老师的,经常接触这样的文本,会不会也觉得"只要我出于爱学生、让学生今后成材的动机,手段上强一点也没有关系"?

这样一想,就觉得这篇课文选进小学教材值得商榷了。

# 第六讲
# 有效教学的意蕴和实践（上）

**本讲要点提示：**
- 有效教学的意蕴
- 有效教学的原则和策略
- 有效教学中的前置性教学
- 相关问题与回应

有效教学是课堂教学改革的热点和难点。如何促进有效教学呢？《论语》中有言："君子务本，本立而道生。"有效的本在"效"。什么是效？效果、效益和效率。效果是学生愿意听你的，你对你的学生有影响力，你的教学对学生有吸引力，学生听了你的话以后做出了你预期的行动，你教的行为有了成效；效益是学生愿意跟你了，你带他去的方向正确而合理；然后才说得上效率，那就是你采用的"交通工具"是合适的，带他行走、探索的方法是科学的。"本立而道生"，有了这样的"本"，然后才有道。道是什么？我看，就是有效教学的原则、策略和路径。

在这一讲中，我们将围绕有效教学的意蕴、有效教学的原则和策略、有效教学中的前置性教学三个方面进行讨论。

有效果是学生愿意跟随你，愿意听你的引导；有效益是你引导的方向要对，路线要合理。有了这样的基础，我们才来讨论怎么能走得快一点，走得效率高一些。也就是在满足前两者的基础上，我们才能研究如何提高教学效率。

# 有效教学的意蕴

## 一、有效教学是有效果的教学

这几年，有效教学成了课堂教学研究者和实践者共同关注的焦点，建设理想课堂，我们必须回应如何理解和实践有效教学的问题。

我们先来看一看"效"字，𣀈是其甲骨文的写法，按照左民安先生的说法："左边像两腿相交、正面立着的一个人。其右是一只手，拿着一条教鞭在鞭打左边的人。这就类似在旧教育制度下，用教鞭打学生，逼迫学生学习。"在今天，我们是反对体罚学生的，曾经看过一个动画，标题是"有种你就打"，是一位老师刚对学生扬起了手，下面的同学就齐刷刷地举起了手机准备拍照，所以一定不要打，打了麻烦大。

但由这个字形我们可以想到另外的意思，那就是效法、效仿。杜威说："一个有效的反应就是能完成一个可以看到的结果的反应。"有效首先要有效果，比如你向学生提出一个需要他思考和回答的问题，学生思考没有？有没有学生起来响应你、回答你的问题？如果学生思考了，或者应答了，说明你的行为是有效果的；如果学生无动于衷，根本没有反应，你的这个教的行为就是无效果的。

因此，讨论有效教学首先要看学生是否听老师的，是否愿意呼应老师的教学。这就需要研究教师是否对学生有影响力，教学是否对学生有吸引力。我们认为，教师的教学影响力来源于学生能感受和理解到老师对他们的爱和关心，来源于对老师能力和水平的信服，来源于对教师行为示范的模仿，也正因为这样的原因，我们才说，有效教学的更多功夫在课堂之外，在教师的素养和修为；教学吸引力则来源于学生对教学内容意义的认识和理解，来源于教学活动的生动有趣，来源于他们能参与教学活动并在其中获得愉悦的体验。

## 二、有效教学是有效益的教学

什么是"益"呢，《盐铁论·非鞅》中说："有益于国，无害于人。""益"是有益、利益和好处，与损害、伤害相对。有效果未必有效益，有效益的教学是对儿童身心发展有帮助的，并符合教育理想追求的教学。

在前面关于教学内容研究和处理的交流中，我已经讲过几个有效果没有效益的例子。这里再说一个小学语文教学的例子。

> 在语文课上，老师刚挂出小黑板，大多数学生就开始读小黑板上的儿歌。看见学生读得很不整齐，老师发出指令："一二三……"指令一出，同学们立刻放弃朗读并紧紧接上话头："一二三，要坐端；三二一，坐整齐。老师叫我怎么做，我就怎么做。"背诵完毕，课堂自然安静。老师接着说："今天，我们学习'人有两件宝'，现在老师先读一遍，然后请同学们齐读一遍。"老师读完学生读。学生读完，老师提醒学生："'脑'字是鼻音。"刚一说完，学生立刻摇头摆尾地"nǎo，nǎo"练习起来，老师认为课堂乱了，又来了一遍"一二三……"，然后让一位同学范读，最后组织学生声音整齐地练习"nǎo，nǎo……"

这里，老师两次"一二三"的目的是什么呢？是让学生安静。有效果没有？有效果，因为学生停下了各自的读的行动，跟随老师说了"一二三……"以后，课堂变得安静了。但这样的教学行为有效益吗？眼前是产生了效果，从长远看，会有什么作用呢？

实际上，学生开始的练习是一种发自内心的学习冲动，是学习的内在动机在支持，而把学生纪律整顿好后的练习，成了外在的组织、要求和强制。多出现几次这样的管理，我们可以想一想会有什么现象出现？我们以为，学生会逐渐滋生消极等待的心理和行为，并最终丧失主动探求新知的热情。

采用这个例子，是想启示大家思考这样的问题：衡量教学行为是否有效益，是不是需要"风物长宜放眼量"，想远一点，看远一点？

有老师问我，遇到这样情形怎么办呢？我说面对这样的情景，更有效的方式是"积极地旁观"：你的本意是让学生读课文、认生字，学生已经在自觉地读课文、认生字了，你就不要打断，要旁观；但这种旁观不是无所作为的，而是积极的，比如在教室中巡回观察，提醒没有读课文的同学加入读课文的行列，听一听哪些同学读得好，哪些同学读得不好，哪些字读错了，想一想下面如何因势利导——教师也可以教得不那么辛苦。

声音沙哑的老师们，走进教室就需要"小蜜蜂"（某麦克风品牌）的老师们，从这个例子中我们还应该想一想：为什么我们的声音会沙哑？我们是不是可以通过少说一些无用的话让自己的身体更舒服？这也是我们幸福生活的一个基础。

## 三、有效教学是有合适效率的教学

有效果是学生愿意跟随你，愿意听你的引导；有效益是你引导的方向要对，路线要合理。有了这样的基础，我们才来讨论怎么才能走得快一点，走得效率高一些。也就是在满足前两者的基础上，我们才能研究如何提高教学效率。因此，我想说，有的老师，仅从效率本身研究有效教学是对有效教学的片面认识和误解。

对于效率，《现代汉语词典》（第 6 版）有这样两种解释："（1）机械、电器等工作时，有用功在总功中所占的百分比。（2）单位时间内完成的工作量。"借鉴第一种解释的意义，我们尝试建构这样的教学效率公式：

教学效率＝同学们围绕教学内容的适度紧张的智力活动和有价值的情意

活动的时间/教学花费的时间

### 1. 关注时间上的投入和产出

研究有效教学，我们为什么特别强调以时间为考察对象呢？

首先，从教育经济学的角度，教学中最大的投入是师生的时间投入，时间投入意味着生命投入，生命中的时间流动都是不可逆的，教学活动中最为宝贵的要素就是师生的时间，教学中最大的节约是对时间的节约，而最大的浪费则是对时间的浪费，可以说抓住了时间就抓住了提高教学效率的根本。其次，时间是可以观察和计量的，抓住时间可以避免教学效率成为无法考量的虚无缥缈之物。第三，提高教学效率主要体现在更有效地利用时间上，重视时间体现了重视过程、通过改善过程提升效率的观念，使提高教学效率能够真正落到实处。第四，从时间的有效利用看效率，用课程的适合性和经济性、学生在课程中的活动质量来衡量教学效率，有利于避免仅看产出（分数、升学率等）而忽视输入（生源质量、家庭背景、社会文化环境、加班加点）差异所带来的评价不公，有利于克服用结果来"一俊遮百丑"、片面追求应试教育的现象。

### 2. 教学效率公式的核心理念

我们承认，这个公式并不适合所有课程，比如它不适合以身体练习为主要手段，以增进健康为主要目的的体育课程。就适合这个公式的课程而言，这个公式有这样几个核心理念：

（1）以"登山课程"的理念考量有效教学。教学的效率不体现在达成某一个预定的目标，而体现在引导学生朝着某个方向改变和前进。

（2）人因思而变。实现"登山"的目标，要借助适度紧张的智力活动和有价值的情意活动的工具。我个人认为，大多的学科，学生的学习活动应该以心智活动为主，教学的主要任务是提高学生的心智水平，教学应该以引起和促进学生心智活动为教学活动起点，以追求心智水平提高为目标，教学是触动心灵，教学是发展智慧，其他的活动设计与展开要服从于、服务于这个主要目标。没有思维参与的教学只是一种形式上走捷径的教学，它从源头上剥离了知识与智力的内在联系。对此，杜威认为："在理想的教学过程中，教师应鼓舞儿童在活动时开动大脑，运用观察和推测、实验和分析、比较和判断，使他们的手足耳目和头脑等等身体器官，成为智慧的源泉。"苏霍姆林斯基则说："真正的学校应该是一个积极思考的王国。"可以说，抓住了智力活动和有价值的情意活动的时间，也就抓住了提高教学效率的"牛鼻子"。适度紧张的智力活动也是培养学生思维能力的手段，因为思维能力的培养隐含于适度紧张的智力活动中，隐含于学习者和人类知识、文化的互动、建构与挑战中。

（3）教师角色要由思想提供者向思想的促进者和引导者转变。1976年，联合国教科文组织在《国际教育标准分类》的修改中，这样定义教育："教育是有组织、有目的地传授知识的工作"。1997年，该文件修订，教育的定义变成了："教育是能够导致学习的交流活动。"教师不能仅靠传授知识的数量来促进学习，还要促进交流、促进学生自己思想。对此，联合国教科文组织在《学会生存：教育世界的今天和明天》中说："教师的职责现在已经越来越少地传递知识，而越来越多地激励思考；除了他的正式职能以外，他将越来越成为一位顾问，一位交换意见的参考者，一位帮助发现矛盾论点而不是拿出现成真理的人。"

（4）追求教学效率需要尊重有差异的学生。学生增加智力活动和有价值的情意活动的时间是提高教学效率的关键，教学要通过这样的活动实现学生的经验改造和自主建构。教学不能用一个统一的标准（"阶梯课程"的标准）要求不同的学生，而要尊重学生的差异性。

**3. 提升教学效率的着眼点**

利用上述公式，我们可以寻找提高教学效率的着眼点。

（1）减小分母，降低投入。比如，我曾经观察一位老师上"摩擦力"，开课初，她端着一杯米，拿着一双筷子进了教室："同学们，大家看这里。这里有一杯米，一双筷子，我现在把这杯米放在桌上，把筷子插进杯子里，然后提起筷子。你们想一想，这杯米会出现什么情况？""杯子还在讲桌上。""是这样吗？"老师说完，把筷子插进杯子，用双手把米压紧，然后提起筷子,杯子跟着筷子一起离开了讲桌。同学们瞪大了惊异的眼睛,我看到了学生印象深刻的表情。老师说:"没有想到吧?现在我们一起来研究为什么会出现这样的现象。"

就我观察的大多数课堂教学而言,要么没有导入,无法让学生动心;要么绕了很大的圈子,时间花了很多,媒体用得眼花缭乱,但学生云里雾里,不知道老师要干什么。在这个"摩擦力"教学案例中,老师语言简洁,教具适用,在很短的时间里,唤起了学生的原有经验,引发了学生的认知冲突,激发了学生的探究欲望,可以说是一个十分有效的教学导入。

(2)扩大分子,增加产出。首先,在分子中,教学效率关注的对象指向学生。教师的教是为学生的学服务的,教学效率不能以教师表演得精彩不精彩为标准,而要以学生学得好不好为标准。"多元智力理论"之父霍华德·加德纳说:"除非学生在学习的过程中扮演非常积极的角色,除非他们学会了提问,学会了动手做,除非他们在脑中能够重新建构所学到的知识,并根据需要进行转换,否则,他们的学习成果都会消失。"因此,考察教学效率需要从过去关注教师如何教转移到教师如何引导学生学,从关注教师讲得如何转移到关注学生学得如何。

学生学得如何,一个重要标准是看学生是否喜欢,有效率的课应该是学生喜欢的课。学生喜欢,意味着学生有兴趣,有热情,参与程度高。参与积极性高,这是教学质量的基本条件和保障,它肯定了学生的学习主体地位,体现了对学生的尊重。它可以从以下两方面观察:一方面,教师是否着力营造宽松有序的课堂环境。如果课堂教学的环境和氛围是控制而压抑的,学生难以喜欢;如果课堂环境安全、宽容,学生的参与和探究能得到鼓励、支持,学生更容易喜欢。当然,宽松不是不要纪律,培养良好的学习习惯是有效教学的前提。另一方面,学生的情绪是否积极。如果学生在教学活动中被边缘化(甚至主动寻求边缘化),学生对教学内容和教学活动无动于衷、冷漠甚至充满敌意,这无论如何不能说学生情绪是正常的。就这一点,我个人认为,学生喜欢的标准为,学生对教学活动和学习内容热情、期待、激动,有主动走向"中心"、寻求"中心化"的欲望。

其次,关注的核心在于学生的智力活动。智力活动的定位,可以帮助我们判定和修正教学中的形式主义。比如,在学习《望庐山瀑布》时,老师和学生有这样的问答:"日照什么?""香炉!""生什么?""紫烟!""诗人遥看到了什么?""瀑布!""瀑布挂在哪里?""前川!"……一问一答,有师生的活动,但我们可以说这样的教学效率不高,因为在这样的过程中,学生只有看书的动作和喊出来的体力劳动,没有足够的动脑子的思维活动。

第三,我们要关注智力活动的品质。比如,我请读者朋友做一个这样的算式:"$897436 \times 562317 =$"。算的过程是不是智力活动呢?我想应该是的。但这样的活动是否能够促进和实现您的发展?不能!因为这样的活动低于您的现有能力和水平。

学生的智力活动前加上"适度紧张"予以限制,是对智力活动质量的保障。已有经验的简单再现和低水平重复不可能促进学生的智力发展。对此,维果斯基提出了"最近发展区理论",他认为:学生的发展有两种水平,一种是学生的现有水平,另一种是学生可能的发展水平;两者之间的差距就是最近发展区。教学应着眼于学生的最近发展区,为学生提供带有难度的内容,调动学生的积极性,发挥其潜能,超越其最近发展区而达到其可能发展到的水平,然后在此基础上进行下一个发展区的发展。"适度紧张"意味着教学应该在最近发展区里进行智力活动,使学生的智力活动处于适度紧张的状态,这才有可能促进学生智力的发展,简单和重复的学习活动并不能带来学力的提升。

需要注意的是,最近发展区是一个区间,我们平常说"让学生跳一跳才能摘到桃子",轻轻地跳、"小步子"是一种选择,用力地跳、给有很大挑战性的智力活动也是一种选择。在教学实践中,我们需要做出自己的判断和选择。我认为,学习是需要"冲刺"与"挑战"的,学生的"学力"并不是靠单纯的累积形成的,而是借助比较紧张的智力活动和高端引领才得以发展的。

第四,智力活动的内容要紧紧围绕教学内容,我想这一点应该很容易接受。比如,明明你在教数学,可课堂上的学生大多在思考如何玩电子游戏,或者在看小说,学生是有比较紧张的智力活动,但有没有效率呢?我认为没有。或者你在讲语文,很多同学在下面做数学题……

第五，教学的效率应该体现在关注每一个学生身上，它追求更多学生的进步和发展。强调同学"们"是强调对更多学生适度紧张的智力活动的关注，同时意味着要重视教师与学生"学习共同体"关系的建设——老师和学生是"同学"。

### 4. 对"高效教学"说法的质疑

需要说明的是，从效率本身的角度，我是主张用"合适效率"而不主张用"高效"的。应该承认，教学效率是由学生的学习活动（对大多数学科而言，我们可以进一步说是由学生比较紧张的智力活动）带来的，"合适效率"意味着学生的学习活动强度和密度是合适的。真理向前迈进一步也就成了谬误，合适是我们追求的，但不能过度追求"高效"。因为"高效"要用高强度和高密度的智力活动来支撑，而高强度、高密度的智力活动可能对学生的身心健康带来伤害，我们不能把学生当成机器，要把学生当人。是人就会分心，就会放松，课堂上总是需要放松，需要身心从紧张到闲适的转换的。这样，在追求教学效率的时候，我们关注另外一种声音——"教育是慢的艺术"。

过分强调"高效"了，学生的幸福快乐就有可能难以实现了。站在学生要身心健康、和谐发展（而不是执教者追求效率）的角度，站在学生年段层次、个性特征有差异的角度，站在学生要享受现实的愉悦的课堂生活的角度，我认为以"合适效率"为好，而不是越"高效"越好。

附带的是站在同事的角度，一个常识是，高强度、高密度的学习活动把学生的油榨干了，学生以疲惫的身心状态走进下一节课，后面的老师教起来很吃力，也很吃亏。这一节的"高效"可能导致下一节的"失效"，这不是一种合作和协作的行为方式。

老师的导要导在精微处，导向纵深处，导向未明之处。导什么呢？主要是导方法，如读书的方法，思考的方法，解决问题的方法，获得经验的方法，用所学知识和技能改善自我生活的方法，等等。

# 有效教学的原则和策略

有效教学需要对可控的影响学业的因素进行控制，以帮助学生获得成长和进步。哪些可控因素在影响学生的学业成绩呢？我找到了这样几个因素：一是学习基础。这要看学生有没有学习材料的知识基础和心理准备，有没有相关的经验背景来理解和接受新的学习内容。二是学习机会。这要看学生有没有独立的对学习材料进行认识、理解和加工的机会，教学是否为学生准备了这样的机会。三是学习方法和策略。这要看学生是否有一套适合学习材料、学习内容的方法和策略准备，在学习过程中是否采取了合适的学习方法和策略，教师对学生的学习方法和策略是否给予指导。四是教学效能感。这要看学生在学习之前是否对即将完成的学习任务有信心，是否从学习活动中获得了对未来学习的效能感，是否获得了继续学习的积极性。

分析影响学生学业成绩的因素，致力于促进学生为学习进行有效准备，致力于为学生创造和提供学习机会，致力于帮助学生运用和改善学习策略，致力于帮助学生获得学习效能感、提升学习积极性，我提出了"先学后教，自学领先；不会才教，以教导学；注重优化，体验成功"的有效教学原则和策略。

## 一、先学后教，自学领先

假设你是家长，你的小孩跑来问你："爸爸，蝴蝶飞舞为什么没有声音，而蜜蜂飞舞有嗡嗡的声音?"你会怎么处理呢?

第一种家长可能对孩子一顿呵斥:"不要来烦我!"孩子哭着伤心地离开。这是我们应该反对的。

第二种家长告诉孩子蝴蝶飞动的时候翅膀震动慢,而蜜蜂飞行时翅膀震动很快,声音和振动有关。孩子可能会点点头,高高兴兴地离开。这样做,满足了孩子的好奇心,也没有给孩子心灵造成伤害,但我并不认为这是最理想的方式,因为家长在满足孩子求知欲望的同时,也可能导致孩子产生依赖感,今后有了问题,他还会继续问你,有时弄得你烦不胜烦,最终导致呵斥或"以后你就明白了"的敷衍。

第三种家长可能让孩子首先观察蜜蜂和蝴蝶停留在花朵上是否有声音;然后,拿出一张纸,先用手提着让它在空中慢慢晃动,让孩子听一听有没有声音,再用力晃动纸片,让孩子听一听纸片发出的"哗哗"声;最后把这张纸片交给孩子,让他自己去玩。这样的家长不仅鼓励孩子提问,而且使孩子知道有了问题先要自己想一想,同时还注意培养孩子观察问题、思考问题的习惯。当然,在孩子解决问题遇到困难,或者最终没有能力解决的时候,家长的帮助也是十分必要的。

在今天,在强调提升学生学习能力的情况下,我认为,第三种家长的行为更值得学习和借鉴。

这可以帮助我们理解有效教学为什么一定要先学,而且强调是自学。这可以用"责任、准备、发现"三个词来诠释。

首先,先学和自学立足于培养学习者的学习责任,通过先学和自学让学生意识到,学习是学习者自己的事,对于自己的学习任务和遇到的问题,学习者必须承担自己的学习责任。通过先学的实践锻炼,可以培养学习者不等不靠、不依赖别人的学习习惯,并在先学中尝试和获得解决问题的方法。对此,苏霍姆林斯基说:"一定要有学生的独立工作,使学生在独立工作中思考事实,得出概括性的结论。"

其次,先学和自学可以让学习变得有准备,为学生提供独立接触学习材料的机会。布鲁姆认为:"学生在校的学习是建立在一系列预先学习的基础之上,即学习每一任务都要具备某些必需的预先学习。这种预先学习带有认知的特点，是影响学生学习结果的一个主要变量，会直接影响学生的学习成绩。"先学的过程不仅是认识和理解新学习材料的过程，同时也是唤起过去相关经验和发现学习困难的过程。通过先学，可以让学习者对未来的教学变得有准备。

在实践中，我们发现，很多学生课堂上的失败感和挫折感源于缺乏事先的准备，他们不知道课堂上要学什么，老师要问什么，一方面赶不上趟，另一方面因为没有准备，因而也就不能充分参与，逐步在教学过程中变得边缘化。这是产生后进生的一个重要原因。防止后进生进一步落后和后进面扩大的有效方法之一，就是让学生对学习做出事先的准备，事先准备过了，参与时就不怕了，准备以后的交流发言质量高了，学习的自信心和成就感也就上来了。实践中，我们还发现，有了先学和自学的基础，后面共同学习的质量和效益也就有了更好的保证，合作学习也好，探究学习也好，做起来就事半功倍。

第三，先学和自学可以满足学生自我发现的需要。苏霍姆林斯基曾说过："在人的心灵深处，都有一种根深蒂固的需要，这就是希望感到自己是一个发现者、研究者、探索者，而在儿童的精神世界中，这种需要特别强烈。"新材料更容易激发、满足学生探究和发现的欲望，先学和自学能够为学生提供接触新材料的时间与空间，可以更有效地引发学生获得发现新知识的愉悦感，获得"我能行"的自我认同感。

第四，学生的学习方式和学习风格是多样的。比如有场独立型和场依存型，有冲动型和沉思型等区别。对于场独立型的学生而言，课堂上的小组合作学习不利于发挥他们的学习特长，先学为他们提供了独立学习的机会。另外，因为时间的限制，课堂上师生的交往大多是匆匆忙忙的，冲动型的学生更容易得到参与的机会，而课下的先学可以利用和发挥沉思型学生的学习优势，使他们有机会参与到课堂上的交流中去。

我认为，学生的在校学习是很难真正自主的，完全自主的先学和自学可能是盲目和低效的，有效教学中的先学和自学不是完全由学生自己做主的自主学习，它是在老师的帮助和指导下的有效自学。对于学生的先学和自学，教师需要根据学生学习能力和水平的差异，有层次和有区别地给予指导与帮助。

如何有效地组织实施先学和自学呢？指导学生的自学大致可以从三个方面入手：一是引起学生先学和自学的好奇心，提高先学和自学的兴趣与热情，"我需要的是使所有的学生都进行思考，进行紧张的脑力劳动"（苏霍姆林斯基语）；二是指示学习内容的重点和要点；三是给予方法和策略的指导。

为了更好地促进先学和自学，教师需要为先学和自学留出时间，并在教学工作的重心安排上做出调整。比如，现在有很多教师课下的功夫主要用在课后辅导和弥补上，我主张"与其过后弥补，不如事前准备"。课后辅导固然重要，但更有效益的工作是在课前，是在有效指导学生自己先学和自学上，把功夫用在备课（或称教学设计）时精心选择和组织学习材料，精心设计和组织学习活动上，使同学们在具有挑战性质的智力活动中收获探究和成长的快乐。

有一次，一位老师听我讲完"先学后教，自学领先"以后，提出了这样的问题："我们教的是数学，学生先学了，对老师教的东西懂了，就没有学习的兴趣了，还是先不要自学更好。是不是不预习更好？"

我不太赞成"不让学生预习"。这里有几个问题：首先，教学的全部目的在于让学生学会，学会就很好，这是好事，何必一定要老师讲会？其次，教学并不是为了好看的形式，不是为了老师好讲，而是为了让学生好学，何必为了教师好讲的需要不让学生先学？再有，教的目的是为了不教，为了学生的自学，你不培养自学的习惯和方法，学生如何学会学习？另外，就算你不让他预习，他自己就不会先翻一翻书？实际上，很多时候，教学内容本身对学生并不具有，也不应该在课前具有神秘性。

所以，最好还是先让学生进行预习。现在需要讨论的问题是"预习以后，学生都懂了还教什么"。我以为至少可以在这三个方面有所作为：一是组织学生交流自学的成果，把懂的东西说出来。这不仅可以检查学生是否真正理解（检查是否理解，就是看学生是否能不照本宣科，是否能换种方式来表达对教学内容的理解），而且可以帮助学生整理，把理解的东西梳理得更有结构、更合理，同时也可以发现学生理解错了或不圆满的地方，然后再相机引导。二是把会了的东西做出来，做题的过程可以形成运用知识解决问题的技能,并发展相应技巧,这是学生获得处理相关问题的优化方法。三是可以有更多的时间处理学生可能忽视的缄默知识,比如梳理解决问题的思路和策略,体会知识的价值,理解知识的发展,培养对数的感受、空间的感受、语言的感受、美的感受等等。就实践中我的观察和经验,我认为,学生平常的预习可能在明会知识上下更多功夫,对缄默知识一般没有兴趣。预习了,明会知识差不多了,正好为缄默知识的提升留下空间,我们可以大有作为一番。

后教怎么教呢?先要有同桌、同组的教,有不同组之间的彼此分享和互教,然后才看老师是否需要出面来教——不会才教。

## 二、不会才教,以教导学

不会才教,教学生还不会的,这似乎不言而喻。但在实践中,我们发现这并没有成为老师的自觉。以我的一次课堂观察为例。

曾经有一位朋友要执教《孙悟空三打白骨精》,执教前一天她问我如何教更好,我请她注意思考这样的问题:"这个故事学生已经很熟悉了,你一定要想一想,学生已经知道了哪些东西,通过教学教给学生哪些过去不知道的东西,以及如何让学生对这样的老故事学得有新奇感。"

第二天在一个大教室上课,我惊异地发现,这些一直喜欢选教室后面位置就座听课的农村孩子,今天一窝蜂地挤到了教室前排的位置。我们都不知道这是为什么,他们要干什么。

上课了,老师开始解题,然后让学生读了一遍课文。接下去,老师准备组织故事的分析和理解了,突然,有几位同学站起来说:"老师你不要讲了,我们来演。"没有等老师回过神来,呼啦啦地,前排就上去了九位同学,扮演唐僧的、孙悟空的、猪八戒的、沙僧的、白龙马的,更有意思的是,扮演白骨精的上去了四位。

在后面的近十分钟时间里,同学们兴致勃勃地表演了"三打"的过程,我们也明白了,为什么要上去九位同学:扮成村姑的白骨精要一位、扮成老太太的要一位、扮成老大爷的要一位，此外还要有一位真身的扮演者。在第一打和第二打的时候，真身的表演者表现了白骨精的逃逸，而在第三打——孙悟空打倒扮成老者的妖精时，真身一并倒地。这样的表演使我知道，学生对故事本身的理解已经十分用心和深入了。

学生的活动彻底打乱了老师原有的计划和安排。在学生表演的时间里，这位朋友只能在一旁待着，根本无法介入，她也不知道到底该干什么。

后面的教学，尽管这位老师也在组织着，但学生都沉浸在成功表演的兴奋中，老师讲的东西他们根本没有听进去。

教学实践出乎执教者的设计和意料，这时最需要执教者进行教学反思。我认为，执教者需要反思的问题既有"教什么"的问题，也有"怎么教"的问题。

教什么呢？福建师范大学孙绍振教授回顾自己的中学语文学习生活时说："在语文课堂上重复学生一望而知的东西，我从中学时代对之就十分厌恶。从那时我就立志，有朝一日，我当语文老师一定要讲出学生感觉到又说不出来，或者以为是一望而知，其实是一无所知的东西来。"人家明明会了的，你还要浪费他的时间，要他一本正经地坐着专心认真地听，他不分心、不造反才怪。语文是这样，其他学科同样是这样。从这种意义上，我主张，有效教学需要明确一个原则：不会才教，教的有效性表现为引导学生更深刻地认识和理解过去一知半解的东西，接触和感受过去不知道的东西，并进一步引发探究未知的热情和兴趣。

在《叶圣陶语文教育论集》中，叶老也有这样的意见："上课做什么呢？在学生是报告讨论，不再是一味听讲，在教师是指导和订正，不再是一味讲解。""预习得对不对，充分不充分，由学生与学生讨论，学生与教师讨论，求得解决。……学生预习如有错误，他得纠正，如有缺漏，他得补充，如有完全没有注意到的地方，他得指出来，加以阐发。""教师所'讲述'得，只是学生想要'领悟'而'领悟'不到，曾经'研究'而'研究'不出的部分……"

不会才教，首先要了解学生。了解学生最好是在课前调查了解清楚，如果课前没有机会和时间，课堂上就要安排出调查了解的活动和时间，调查了解清楚了，就可以因势利导了。因此，在不清楚学生实际的情况下，我建议课上的第一项工作就是调查了解学生，然后据此教学：学生会了的，学生来说来交流，教师注意引导倾听和小结；学生不会的，需要小组合作的，小组合作，需要老师讲解指导的，老师讲解指导……

举一个例子，曾经有老师上"圆周率"，走进教室："同学们，假如我们知道圆的直径，你们是否知道，可以通过什么办法知道它的周长？"本意是期望学生回答"不知道"，然后顺水推舟"我们今天就来学一学"。没有想到学生的回答是"乘3.14"，老师问"你们怎样知道的"，学生回答说"书上有了，我们看了书"。

就整节课来说，老师原来准备的是"发现教学"的思路：要引导学生去发现周长和直径的倍数关系，现在学生已经知道了，怎么办呢？你就不能还当学生不知道，还让学生去发现一个他已经知道的结论。这时，因势利导的方式就可以变"发现教学"为"实验验证教学"。比如可以表扬看过书的同学："预先看过书，知道3.14的倍数关系了，真好。那大家知道3.14是怎么来的吗？"如果学生还说知道，并且回答正确，你就可以再进一步："这是他人的结论，想不想自己设计一个实验，来检验一下前人的结论，看一看我们在试验中有什么新的发现？"由此在试验设计、数据整理和分析中明白以前可能对圆周率一知半解的东西。实际上，对于课堂上的东西，很多学生是知道的，用发现的教学并不符合学生的实际，用验证的方法更容易帮助学生体会和理解前人的思路，也更有利于帮助学生获得这样一种有效的学习方法。当然，验证本身不是随意做一做，还是要遵循设计、实验、观察、分析、形成结论的过程。

不会才教，教的目的是什么呢？叶圣陶先生的"教是为了不教"道出了教育的真谛。庄子说："吾生也有涯，而知也无涯。"加速发展和丰富的知识本身昭示了单纯的知识积累的短视和无效。有效的教学既是为学生学习服务的教学，也是教会学生学习的教学——"授人以鱼不如授人以渔"。学会学习不仅意味着获得持续学习的能力和适合自己的有效的学习方法，而且意味着有终身学习的愿望和兴趣，养成了良好的学习习惯，并能不断体验学习的成功和快乐。老师的导要导在精微处，导向纵深处，导向未明之处。导什么呢？主要是导方法，如读书的方法，思考的方法，解决问题的方法，获得经验的方法，用所学知识和技能改善自我生活的方法，等等。

对于"不会才教，以教导学"，如果需要给出三个操作性的关键词的话，那就是：了解、指导、会学。

### 三、注重优化，体验成功

杜威把教育看成经验的改造。作为有目的、有意识的课堂教学实践，我认为经验改造本身不仅有经验的丰富，也包括经验的优化，也就是要使学习者原有的经验得到合理的改造和提升。优化的终极目标在于帮助学生学"生"——学习生存的本领，感悟生活的智慧，体验生命的价值和意义。优化体现了教育的作用和价值，是有效教学的具体体现和实现。

促进优化意味着要发挥好教师作为"相对先知者"和"引导者"的作用，通过教师的组织和引导，使学生在课堂上经验的内容更加丰富、深入和精致，并具有面向未来和生活的拓展空间，发挥经验对未来生活的指导和影响作用。这是经验内容的优化。另外是促进新经验与原有经验建立联系，使之具有结构和体系的特征。这是经验结构的优化。经验的获得和改造是一个过程，在这个过程中，难免有失败和错误，也难免走弯路和遭遇曲折，方法的优化就是对获得和改造经验的过程（包括目的和路径、策略和方法等）进行审视、反思和优化。

在我心中，有效教学是理想课堂的目标之一。在理想课堂的架构中，还有一个目标是让学生经历和享受美好的课堂生活。学生美好的课堂生活和有效教学具有相互促进、共同提升的关系，两者的共同基础是参与者在最近发展区内的紧张的智力活动：适度紧张的智力活动促进有效教学，学生能够胜任，且具有挑战性的智力活动本身具有乐趣。这是我对这种关系的认识和理解。

智力活动可能快乐吗？快乐来源于什么呢？英国文学家托马斯·莫尔认

为，精神方面的快乐包括有智力以及静观真理时所获得的喜悦。孔子也有"学而时习之，不亦说乎"的说法。"说"在何处呢？我认为，不能简单地说，学习就一定会"说"，不然就难以理解教室里有那么多的学生如坐针毡。我理解，"说"在"习有所得"，即在复习和练习中有所收获、有新的体验和感悟，并且在收获、体验、感悟中意识到了自身的成长和变化。从这种意义上，注重优化是为了"习有所得"。要"说"，就要引导学生感受和体会自己的"习有所得"。当然，这里的"所得"不能陷入仅仅关注知识和技能的狭隘的功利主义陷阱，愉快的时光、同伴的友谊、视野的敞亮和开阔、内心的丰富和充实、自我的认同和实现，等等，都是重要的"所得"。好的教学应该让学生看到自己是有能力的、有价值的和能够自我指导的。

学习是否内蕴快乐呢？回答是肯定的。著名特级教师曹培英老师曾经对执教"从加到乘"的数学老师有这样的提问："请问你的学生有没有一个回家以后会有这样的冲动，迫不及待地想告诉爸爸、妈妈，今天学了一种特别巧妙的数学计算？"他认为："应该把教学的着眼点放在让你的学生不断有这样一种激动上，获得高层次的、可能终生难忘的学习成功体验。在我看来，数学的每一个知识点几乎都有令人赞叹、激动的理由。初学加法——今天我开始学第一种数学计算了；学习减法——我会和加法相反的数学计算了，加进来还能减出去；学了乘法就更了不起了——100个2连加要写半天，我一秒钟就写好了；学了除法——我是一个小小数学家了，加减乘除都会了。"我们的教学要帮助学生学会梳理和体验这样的快乐与欣喜。

我也给出这一要点的实践操作的三个主题词：交流、优化、快乐。交流是组织分享和展示，它是自身认识力量的一种外化的表达和实现，是一种自身的参与和认同。优化是组织概括和小结，它是在和同伴、和师长对话中对内化经验的完善和改造，是一种自身的发展和进步。快乐是在对上述两种活动审视时，去发现和获得内在的愉悦与外在的欣喜。

没有对改革原理、原则和机制的理解，教学改革就缺乏方向感，就可能走上形式主义的歧途；而仅有基本原理和原则，没有可操作化的流程和模式设计，改革又可能成为空中楼阁。

# 有效教学中的前置性教学

在教学改革的实践中，没有对改革原理、原则和机制的理解，教学改革就缺乏方向感，就可能走上形式主义的歧途；而仅有基本原理和原则，没有可操作化的流程和模式设计，改革又可能成为空中楼阁。落实"先学后教，自学领先；不会才教，以教导学；注重优化，体验成功"的教学原则和流程，需要调整和改进现有的教学模式。

现有课堂教学的结构与流程，如图十六所示。

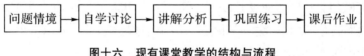

**图十六　现有课堂教学的结构与流程**

在这样的课堂结构和流程中，主要的问题是学生缺乏独立的学习新材料的时间和机会，学生的课后作业缺乏有效的控制和交流，也无法得到具体的指导，学生课后作业的积极性无法保证。

前置性教学的课堂教学结构如图十七所示：在本节课结束之前，设置问题情境，布置先学内容，并进行自学指导；学生课后主要完成自学任务；下一节课直接从检查自学任务的完成情况入手，自学任务的检查和交流可以同桌之间进行，也可以小组之间进行；对于自学中没有解决的问题在全班讨论，教师给予指导和帮助，指导的重点放在自学方法和策略上，帮助学生学会学习；布置课堂巩固练习，并进行教学小结；然后进行下一节内容的前置性学习任务布置和指导。

在前置性教学中,先学任务的设计、布置和指导是整个教学活动的重点与关键,如何根据学生的实际水平(比如,不同年级的学生以及具有不同自学能力的学生,自学的形式、内容应该不一样,教师的指导要有由扶到放的过程,先学的任务不一定都放在课后,有的可以在课上做一做,以免加重学生课后作业负担)、教学材料特点、学习内容要求设计出学生喜欢的,具有选择性的,能够为整个教学活动奠定基础的先学任务。这是实施前置性教学必须深入研究的问题。

**图十七　前置性教学的教学结构与流程**

需要说明的是,没有任何教学方法是完美的,没有任何教学模式是"包医百病"的。建设理想课堂,实施有效教学,我们需要深入研究和实践前置性教学,改进前置性教学;同时又要广泛借鉴其他有价值的教学方法、策略和模式,兼容并蓄,不要故步自封。

在和教师交流前置性教学模式的时候,有的教师认为:"教师如果对预习后的课堂教学模式操作不熟练,往往就体现不出预习的价值。"我同意这样的看法。可以说,没有心领神会,没有得心应手,所有的教学方法与模式都无法体现和发挥出自己的优势。所以关键还是在教师,教师要对各种教学方法和手段背后的指导思想、操作原则要求、具体的流程方法、适用的情境等有比较深入的研究和领悟。作为一线教师,如果没有将他人的技术和方法消化吸收,我们就无法真正获得某种方法和技术。

在这里,我想向大家推荐江山野老师的一篇文章——《论教学过程和教学方式》。在这篇文章里,江山野老师从整体性和发展性的角度,把教学过程分为四层:一是从学生进入小学开始到大学毕业或受完一定阶段的学校教育为止的过程;二是一门课程从开始到结束的教学过程;三是一门课程中的一章或一个单元的教学过程;四是一点知识(如一个公式、定理、定律或法则之类）或一课时的教学过程。他认为，把一点知识或一课时的教学过程当作一个"细胞"来进行分析，并着重研究学生学习新知识时的认识过程，这很有必要，很有意义；但如果只是孤立地、静止地考虑和安排这一教学过程的方法步骤，而不把这一教学过程作为前面三个教学发展过程中的一个环节来对待，那就会使我们的课堂教学过程和方法步骤"单一化"，以致从小学到大学都是"一个模式"，而且这一小段教学过程并不是，也不应该是始终如一、定型不变的。

这启示我们：研究教学过程和教学模式要有一个大视野，要有发展性；学科不同，教学过程会不一样；单元教学内容不同，教学过程也不同；具体知识点不同，教学方式也不一样。

他认为，从教学过程的发展情况看，学生学习能力的客观发展进程一般有如下几个阶段：第一阶段是完全依靠教师的阶段，这一阶段学生相对独立的学习活动是"一点一点"地跟着教师学；第二阶段是基本上依靠教师的阶段，学生相对独立的学习活动发展到可以在教师的启发引导下"一步一步"地探求和获取新的知识；第三阶段是学生可以相对独立地进行学习的阶段，他们可以"一课一课"或"一章一节"地在教师帮助下相对独立地进行学习；第四阶段是学生在教师指导下可以基本上独立学习的阶段，在这一阶段学生可以"整篇整章"地在教师指导下自学；第五阶段是学生完全独立地进行系统学习的阶段，在这一阶段，学生已经不需要老师的指导和帮助，如果仍然需要教师的指导，则不是在学习已有的科学知识上，而是在研究新问题、解决新问题上，这就进入了科学研究的领域。

我想，这可以启示我们如何对学生的学习进行由扶到放的指导和帮助。

预习后的课堂教学应该如何教，江山野老师提出了四个必须："一是教师在布置预习时，一定要对学生提出明确具体的要求。这实际上也就是一种学习指导。二是一定要对学生的预习进行检查。这一方面是为了防止自流；另一方面，更重要的是为了确切地了解学生的学习能力和他们对教材的掌握已达到什么样的程度。这既是一个展示学生独立学习能力和肯定他们独立学习成果的过程，也是一个发现和集中学生预习中存在问题的过程。三是一定要针对学生预习中提出的和存在的问题进行教学。否则，虽然让学生预习了，但并不管学生预习如何，教师仍然只是按照自己老一套的办法来讲，那就失去了让学生预习的主要意义，失去了教学的针对性。而没有针对性的教学就是一般化的教学；一般化的教学是不能引起学生的注意和兴趣，取得良好的教学效果的。四是进行针对性教学时，在解决问题的过程中，一定要继续发挥学生的学习能力。凡是他们自己能够解决的问题，就要让他们自己去解决。"

我在执教五年级的《唯一的听众》时，曾经布置过这样的自学任务："（1）把不会认的字认一认，把不会写的字写一写。（2）选择自己喜欢的几个段落出声朗读，读通顺、读流利。（3）默读全文，想一想你读明白了什么。（4）找一找你还有什么问题不明白。"为什么做出这样的设计和安排呢？首先，通过自学，学生要领会学习的内容结构和方法结构，语文课上的阅读教学就是要完成识字、读书、读出自己的理解、读出自己的问题并进行思考等学习任务；其次，"把不会认的字认一认，把不会写的字写一写"体现自学活动的可选择性，会认会写的就不需要再花精力了；第三，课文较长，全部出声朗读会很辛苦，所以"选择自己喜欢的几个段落出声朗读"，"读通顺、读流利"要"出声朗读"，对于全文则采取"默读"的方式，使学习任务和学习方法相匹配。

布置了这样的学习任务以后，课堂教学怎么教？围绕这几个任务，从检查入手，再分享交流，并针对问题和困难进行引导："有哪些字不会认，认了哪些字？有哪些字不会写，写了哪些字？听写试试看。""把自己读过的段落读给大家听听，说一说自己为什么喜欢。""说一说自己读明白了什么，彼此交流和分享，带着自己新的收获和感受读读那些句子或段落。""说一说有什么问题不明白，并尝试着说一说问题的答案是什么。其他同学对这个问题怎么看呢？大家讨论讨论。"这样的流程是我主张的"先学后教，自学领先；不会才教，以教导学；注重优化，体验成功"的具体实践，也体现了"四个必须"的落实。

# 相关问题与回应

## 一、从教到学，教师的作用是什么

问：陈老师，我注意到在你所交流的教学效率公式中，在分子上强调的是同学们的智力活动和情意活动。我想问的是，这是不是一种生本的思想？如果是，在这样的教学中，教师的作用是什么？

回应：学生的发展是通过学生的学习活动来实现的，就大多的学科来说，能促进发展的学习活动是围绕教学内容的适度紧张的智力活动和有价值的情意活动。实施和考量有效教学应该把视角放在学生的学习活动上来。提供实践改进的方向是提出这个公式的动机和出发点。

把这样的思想用于实践，我们要想方设法让学生动起来，让他们参与，让他们发现，让他们表达，让他们发展，这有把学习的主动权归还给学生的味道。但我还是不太主张在教学活动中完全以生为本。尽管有效教学的落脚点在学生的学习活动上，但定向、发动、调节和提升者主要还是教师，教师是要站在幕后推动，为学生学习服务的。比如，对学习内容，学生是无法完全自主决定的，教师要在先学方案中对学生的学习内容作出规划和规定。学生的自主学习也好，合作学习也好，探究学习也好，可以说都是有向的自主、有向的合作、有向的探究。

在教学实践过程中，教师也需要作出调节和控制。有这样一个例子：

一位小学老师走进教室，准备上"热胀冷缩"。

老师举起一瓶同学们很熟悉的桔汁水，大声问："同学们，你们看，这是什么?"

同学们:"桔汁水。"

师:"看到这瓶桔汁水,你们想要研究什么呀?"

同学1:"我想研究为什么桔汁水是甜的。"

同学2:"我想研究桔汁水为什么用玻璃瓶装。"

同学3:"我想研究桔汁水为什么是黄颜色的。"

看学生老没有说到点子上,于是老师左手拿着瓶子,右手在桔汁水瓶没有装满的位置一比划。

同学们:"老师,我们想研究桔汁水为什么在玻璃瓶中没有装满。"

这里就不能完全生本了。想一想,如果完全由着学生的意愿,研究味道、包装和颜色,你这一节课还上不上?你如何完成自己的教学任务?如何保证教学内容的完整性和体系结构?这位老师是用自己的手势完成调节和定向的引导任务的。

还有一个问题,就是有了学习活动,学生未必能获得内蕴在学习活动中的学习经验。前面我们在讨论教学内容的时候,举过这样的例子:学生在活动中做出了 $3 \times 5 = 15$ 和 $5 + 3 = 8$,他们是否都能从这样的学习活动中意识到什么时候用乘法,什么时候用加法?恐怕不能。这就需要老师来梳理,来引导提升。这就是"注重优化,体验成功"的意义,优化就有对学习活动经验的提炼。在老师的帮助下,学到了过去不知道的东西,这就是进步和发展。意识到这样进步,感受到这样的变化,体验成功才有可能,学生的快乐生活才能高品质地实现。没有这样的提升,学和没有学一个样,"星星还是那颗星星,月亮还是那个月亮",所度过的时间没有成长的意义,没有为生命留下痕迹,学生的快乐是要打折扣的。

郭思乐教授在谈教育时曾经举过这样一个例子:

青蛙博士研究跳蚤。他喊一、二、三,发现跳蚤在跳,接着他把跳蚤的腿折断,再喊一、二、三,跳蚤不跳了,再喊,还是不跳。于是,青蛙博士书写研究报告:当把跳蚤的腿折断以后,跳蚤就成为聋子了。

青蛙博士有活动,也获得了活动经验——"把跳蚤的腿折断以后,跳蚤就成为聋子了",面对这样的经验,它的指导老师怎么办?听之任之吗?恐怕不行。这时老师就应该而且必须站出来,给学生以引导和帮助。如果说我用上一个例子是说学生没有从活动中获得经验,教师要帮助学生获得经验的话,我用这个例子则想提醒大家,如果学生获得的是错误的经验,教师就要帮助获得正确的经验。

基于这样一些考虑,我不太主张我们在理想课堂建设中不加分辨地说生本,教育是选择和平衡的艺术,不能非此即彼,对于教育中的事实和现象,我们需要一种复杂性思维。

## 二、弹性思考教学目标

问:陈教授,谈有效教学也好,评价一节课也好,我们都要看教学目标的实现程度,教学目标都不能实现,何谈有效教学?在你的有效率的教学公式中,没有看到对教学目标的追求,有的只是教学内容的讨论,听你解读,似乎也有道理。我想问的问题是,你如何看待教学目标和教学内容的关系?

回应:这个问题有一些难度,我不知道我的回答能否让你满意。我对这个问题的认识和理解有这样的发展过程:

过去和教师交流,我也和教师们说:"有目标的教学如百米赛跑,无目标的教学如随意漫步。"可以说,教学就是奔着目标而去的,目标决定了一切,而且目标是教师在走进教室之前就确定了的。新课程改革强调要关注动态生成,我自己对目标的认识有了一些改变,和教师们交流,我又经常说:"对于教学目标,要预设和生成并行不悖。"我以为这样的说法尊重了教育实践的特点,因为教育实践的过程能够预设却不能预知,预设的教学目标既要在实践过程中发挥引领作用,又要在实践中加以调整与修正。

近年来到中小学观课,我又发现了这样一种现象,在很多名优学校的课堂上,很多老师提出的问题、布置的练习,90%的同学因为良好的家庭教育背景和自己的生活经历,对要学的东西早就会了,老师还在那里教,学生学得索然无味，教学没有给他们带来成长和变化。对这样的教学，我和老师讨论，老师说这是教学的目标。而在一些基础较差的学校和班级，老师也想达到同样的目标，学生却怎么学也达不到老师的要求，学生学得苦，老师教得累，问老师，老师也说这是教学目标。这使我思考一个问题，教师确定教学目标的依据是什么？可以说主要还是根据教参来确定的，但教参上的目标并没有考虑到学生的差异性，用这样的目标来指导教学本身是有问题的，也就是说目标本身是不合理的，那围绕目标的教学合理性在实践中就会遇到上面的问题。

针对这样的问题，如何有所改变呢？一种思路是在预设目标的时候必须研究学生实际，要根据学生实际提出教学目标。另外一种思路是改变思维方式，目标不是目的，而是前进的方向，教学是朝着某个方向的进步。我提出的教学效率采取的是第二条思路。

对于教学内容、教学方法和教学目标，我试以语文教学为例。语文要教学生听说读写，听什么，读什么，写什么，说什么，这是内容的问题；怎么让学生学会听说读写，这是方法问题；听到什么水平，读到什么水平，写到什么水平，说到什么水平，这是教学目标问题。也就是说，教学目标不仅要规定教学的内容，而且要规定在这个内容上学生所要达到的水平。我在教学效率公式中，不提教学目标，不是说不追求教学目标，而是强调根据学生的实际，通过围绕教学内容的智力、情意活动来实现发展和进步，这样的发展和进步更有利于实现教学的目标。这是一种达成目标的有效方式，它实现的有可能是一种更有价值的教学目标——更多的学生能在现有水平上有发展。

简单地说，我想追求的目标不是在某些内容上达到某个预期的统一的目标，而是在这些内容上有更大进步和发展的目标。

我也知道，大家是要担心考试的，在实践中我建议一种变通的方式，那就是一节课拿出二三十分钟完成可能应试的内容，达到基本要求、保底要求，然后用十分钟左右的时间给出一些有挑战性的问题让学生思考，形成智力挑战，促进学生更好地发展。

# 第七讲

# 有效教学的意蕴和实践（下）

**本讲要点提示：**
- 有效教学中教师如何介入和进退
- 怎样提高合作交流的有效性
- 教师不要迷信自己主讲
- 怎样提高学生的先学质量
- 如何把学习积极性转化为教学的高质量
- 相关问题与回应

经验告诉我们，没有对有效教学意蕴和价值的把握，实践中的有效教学就可能南辕北辙、急功近利。"理论是灰色的，而生命之树常青"，有效教学需要面向实践，实践的问题复杂而丰富。在各地观课议课，和老师们讨论有效教学时，大家提出了各种各样的实践问题，这一讲的内容是对这些问题的梳理。

在这里，我们侧重讨论在价值引导和自主建构中教师如何平衡自己的作为，如何采取有效措施提高学生的先学质量，如何把学习积极性转化为教学的高质量等有效教学的实践问题。

实践要中庸。就教师在课堂教学中的作为而言，那就是既不要教师主宰一切的师本，也不要教师放任和无所作为的生本，而要恰到好处地介入和进退。

# 有效教学中教师如何介入和进退

有教师提出这样的问题："陈老师，我很赞成你关于教学是选择和平衡的艺术的观点，师本不行，简单的生本也需要商榷，这里就有教师如何介入和进退的问题，你能不能用实践的例子来说一说对这个问题的看法？"

对此，我还是先说自己的观点来源和思考吧。曾经听一位专家的报告，大意是说写文章可以尖锐一些，但实践要中庸。

为什么实践要中庸？我的思考是教育实践牵涉的东西太多，教育实践的目的交织着各种利益诉求，实践的过程有横向的各种因素、纵向的各个环节，而每一种具体的实践都有利有害，在这种种的交织、冲突、损益中，我们无法非此即彼，无法走极端。在实践的取舍之中，你可以有重点，抓主要矛盾和矛盾的主要方面，但又不能不都有所兼顾，要学会"五根手指弹钢琴"，含和而履中。当然，这里的中庸不是不思进取，也不是圆滑和和稀泥，而是要采取恰到好处的中间之道。

实践要中庸。就教师在课堂教学中的作为而言，那就是既不要教师主宰一切的师本，也不要教师放任和无所作为的生本，而要恰到好处地介入和进退。课堂上，影响教师介入和进退的地方很多，这里仅就学生的学习活动后教师的介入和进退说说自己的看法。

我们常说"教师的成长＝经验＋反思"的公式，应该说这个公式的适合对象并不仅仅是教师，它为所有人的成长指明了道路："成长＝经验＋反思"。根据这个公式，我们可以讨论教师如何来促进学生的成长和进步。

对于经验，我们可以有两种理解：从名词的角度，它告诉我们什么是经验；从动词的角度，它告诉我们如何获得经验，如何形成经验。

这里主要说如何获得经验。杜威说："一个孩子仅仅把手指伸进火焰，这还不是经验；当这个行动和他遭受到的疼痛联系起来的时候，这才是经验。从此以后，他知道手指伸进火焰意味着烫伤。"仅仅有手伸进火里的行动和手被火烫伤的行动结果并不是经验——单纯活动，并不构成经验，由此"知道"的"手指伸进火焰意味着烫伤"才是他的经验。"知道"意味着发现，意味着思考。发现什么？思考什么？发现和思考的是行动与行动效果的关联。发现了，意味着知道了，意味着获得了。经验"包含着行动或尝试和所经受的结果之间的联结"，对行动和行动结果的关系发现才能带来经验。建立在这样的认识基础上，我们可以推论出这样一个教学原则：教师不能仅仅满足于课堂上学生在活动，而要在活动后让学生去发现活动，让学生成为活动的认识者，对活动"知道"，在"知道"的过程中获得"知道"的结果，在对活动的思考中获得活动的经验。遵守这样的原则，我们才能更有效地实现活动的真正目的——通过活动帮助学生获得活动的经验。

以一次"正方形的认识"的教学活动为例：

> 教师让学生动手操作发现正方形的四条边有什么样的关系。操作结束，同学们交流，第一位同学展示先沿横中线对折，再沿竖中线对折，然后得出结论：正方形的四条边相等。教师这时有了介入："老师实在没有看明白，这四条边是怎么相等的？还应该怎样折一折？"第二位同学上来沿着对角线折。教师说："这样就对了，我们可以知道正方形的四条边是一样长的了。"教师接着问："还有其他的折法吗？"第三位同学上来演示，他沿着对角线折了两次，教师说："他把正方形的四条边叠在一起，发现长度是一样的。我们给他掌声。"这一教学活动也就结束了。

在这一教学环节中，同学们有操作和思考的活动，但对三位同学的操作活动，不同学生的认识和理解肯定是不一样的，有的可能认识到了，有的则未必能够明白。要把三位学生的活动转化为更多同学的共同经验，教师就需要介入。这里的介入就是组织学生对三个同学的操作活动进行思考和发现。比如，要认识到：三位同学的操作并不是三种而是两种发现正方形边长关系的方法，第一位和第二位同学的方法合起来才能成为一种方法，第三位同学的是一种方法；第三位同学的方法是通过折叠把四条边合在一起比较长短；第一位和第二位同学合作的操作有三步，一是先沿横中线对折发现上边和下边一样长，二是沿竖中线对折发现左边和右边相等，三是沿对角线折比较上边和左边一样长，三个步骤合起来才能说明正方形的四条边一样长。

以布鲁纳为代表的结构主义教育思想认为，每一种知识（学科）领域都存在着一系列基本结构，把这种结构以及该学科所特有的研究方法作为教学内容时，教学就将获得最好结果。相反，没有获得结构，活动的效果就会大打折扣，教学质量就会受到影响。在上述的教师介入中，介入的目的既帮助学生获得数学的知识结构，也帮助学生理解学数学、做数学的方法结构。

适时的介入一方面是帮助学生获得活动的经验，另一方面是引导学生反思和改造原有的经验。学生的学习既带着原有的经验，又在活动中获得新的经验，但受种种因素的制约，学生带进教室的原有经验和在学习活动中获得的新经验都可能是片面、肤浅和狭隘的。如果不加引导和改造，带着这样的经验走出教室，学生就可能为这些片面、肤浅和狭隘的经验所误，教育就没有发挥应有的作用，教师就是不负责任。杜威认为"教育就是经验的改造"，改造经验意味着教育，这需要教师的引导，但这里的引导不是教师直接告诉学生正确的结论，而是引起质疑，组织对话（包括自我对话、和同伴对话等），通过自我教育的方式获得更合理的经验。通过对话，使学生能回答诸如"原来我以为……，现在我意识到……"的问题，并形成自我提问的反思习惯。从"原来"到"现在"意味着变化，变化意味着成长，意味着提高，而有了变化和提高，"学而时习之"，习有所得，"不亦说乎"！

在交流活动中，教师要善于使用以下策略：一是澄清策略，二是追问策略，三是复述策略，四是板书策略，五是小结策略。

# 怎样提高合作交流的有效性

有教师提出了这样的问题："在小组合作学习中，有讨论和交流汇报的环节，怎样提高交流的效果？怎样组织学习交流活动？"

我的看法是，教师首先要让说者会说、善说，学会交流，善于表达。教师可以在以下几个方面下功夫：

## 一、指导学生学会交流

### 1. 理解交流的意义

之所以要交流，是因为交流的双方彼此掌握了不同的信息资源，彼此有不一样的意见，这才需要交流。可以说，有差异、有需要才交流。第一个发言者尽管是在根据教师的要求回答问题，但也要考虑说和过去经验不一样的东西，说自己在学习活动中新的收获和变化。其他发言者的意见要建立在前面同学意见的基础上，要考虑自己意见与他人意见的差异，这里的差异包括观点上的差异（比如说"我不同意他的观点"、"我想补充一个新的观点"）方法上的差异（比如说"我的方法是"、"这里有另外的思路和方法"）、证据上的差异（比如说"我想提供一个事件来说明"）。

不同的交流目的需要不同的表达方式，比如在小结收获的时候，可以用"我原来不会，现在会了……"表达知识方面的收获，用"我原来不懂，现在懂了……"表达能力上的改变，用"我感到，我体会到……"表达情感方面的变化。对于这些习惯的培养,教师是可以用多媒体展示和提醒的,学生习惯了,听和说就都不那么费力了。

要引导学生在预备发言的时候,就对自己的发言目的有所思考和准备,或者是准备评价别人的观点,或者是补充别人的看法,或者是提出新的思路和想法,或者是由此及彼、触类旁通想到了新的问题、有了新的发现,想把它们表达出来和他人分享。

说出差异、发现差异本身意味着参与的彼此要对他人的发言认真倾听,用心思考,这也是对同学们倾听和思考习惯的培养。

### 2. 要指导发言同学有结构地交流和表达

语言是思维的外在形式,有结构地表达意味着有结构地思维,培养学生有结构并条理清晰地表达就是在培养学生良好的思维方式和习惯。

就课堂上的学生交流和表达,基于提高交流效率的目的,我主张让学生直截了当地这样交流和表达:先说自己的观点是什么,发言的目的是什么;然后说自己的证据,说自己的思路和方法;最后征求他人就自己意见的看法和评价,邀请他人对自己的意见参与讨论和交流。

### 3. 指导学生梳理和抓住自己的表达重点

对自己要交流和表达的东西,要抓住重点,梳理出一二三来,要点不要太多,应该是自己必须说的。对于要点的论证,则要分出轻重缓急,最重要、最不一样的观点放在最前面,应该充分论证或例证;在交流时间不足的时候就可以舍弃后面不太重要的观点的论说,只说观点就行了。

### 4. 指导学生观察着交流对象说话

一方面,看着交流对象说话有利于培养说话者的交流勇气和自信;另一方面,要通过对交流对象神态和表情的观察调整表达内容和表达方式:对于对方感兴趣的可以说得详细一些,对于对方不感兴趣的要赶紧跳过,对于有疑惑的要考虑是否重复,是否换一种交流和表达方式。在交流中,对于自己一时说不明白的东西,可以说:"这个问题我一时也说不明白,等我再想想。"

5. 要指导学生控制好交流的语速和节奏

如果交流所涉及的信息、所运用的语词是对方熟悉的，语速就不要太慢；如果是对方不熟悉的，语速和节奏就需要慢一点（有时还需要加进一些说明）；如果对一个主要观点的说明较多，就要在交流中重复和回应自己主要的观点，以帮助听者梳理。

## 二、指导学生倾听

从培养学生倾听习惯的角度，我们首先要让学生体验到、意识到倾听对自己成长的意义；其次要让学生学会通过倾听的姿态，通过同情性或移情性理解和呼应传递对他人的尊重、理解与接纳；再次要引导学生在倾听中质疑和询问，并在他人的意见中提取有价值的信息，形成自己的看法和意见。

## 三、教师可以采取的教学策略

作为组织者和引导者，教师在交流活动中，一是要善于使用澄清策略，帮助明晰、梳理同学们表达的观点和意见；二是要善于使用追问策略，调动同学们参与讨论的积极性，以帮助他们深入思考自己的观点和意见，修正自己的观点和思路，并引起对相关问题的深入质疑；三是要善于使用复述策略，培养学生倾听的习惯和能力；四是要善于抓住关键话语、词组，适当板书，以突出重点，体现对学生意见的尊重和强调；五是要善于小结归纳，适当引导概括，把交流活动的经历转化为相应的经验，以促进学生从交流中获得真正的进步。

怎样梳理自己的价值观？我认为，一是要观价值，也就是要研究和发现价值的丰富性与可能性，知道教学有哪些可能的价值；二是要对其中可能有矛盾冲突的价值进行比较，然后判断价值大小，进行价值优先的排列。

# 教师不要迷信自己主讲

有教师有这样的困惑："我们还是处在应试教育的环境中，分数是必须考虑的。有的学生我跟他讲了很多次，教了很多次，成绩还是很低，我们该怎么办？"

这一个问题可以说是上一节问题的延续。只是上一节问题侧重心态，这里侧重处理的技术和方法。

首先，我认为教师是不能迷信自己多讲的。2000年我在北京参加中小学教师师德教育骨干教师培训班，听一位专家说："对于学生，教师要诲人不倦，讲了100次学生不懂，我们就要准备讲101次。"在师德教育的培训班上，这位专家这样讲以表明教师对学生的态度和对教育的热情似乎也说得过去。但从遵循教育规律，科学施教的角度，我以为这样的主张是很值得怀疑的。做教师的，上课之前就要研究学生、研究教材。因此，第一次和学生交流就要争取让学生理解，就要让学生懂；如果第一次还没有懂，就要反思教学内容，就要改进和调整方法，争取让学生懂；第二次还不行，是否还要讲第三次？这就要看具体情况了。几种方法都用过，学生还是不懂，我们恐怕就应该想一想，这样的教学目标和内容对学生是否适合？是不是可以降低要求？是不是可以放一放，等一等？

我这样说，是我有这样的教学价值观，那就是学到一个东西但有可能让学生感到学习很困难（因此失去学习的积极性）与暂时没有学会这个东西但还对自己有信心（愿意学习）比较，我认为暂时学不会但还愿意学习更有价值。

说到这里，有一个如何梳理自己的教育价值观的方法问题。怎样梳理自己的价值观？我以为，一是要观价值，也就是要研究和发现价值的丰富性与可能性，知道教学有哪些可能的价值；二是要对其中可能有矛盾冲突的价值进行比较，然后判断价值大小，进行价值的优先安排。无疑，获得知识和形成能力是有价值的，保持学生的学习热情和积极性也是有价值的，这是发现有哪些方面的价值，发现教学价值的可能性；保持学习热情和积极性大多是能够促进学生获得知识和形成能力的，但有时又不完全一致，在有冲突和矛盾的时候，你把什么看得更重要，把什么排在优先的位置，就体现了你的价值观。我自己把保有热情和积极性看得更重要：一时不懂没有关系，以后愿意学习，还有机会，《三字经》上说"苏老泉（指'唐宋八大家'中的苏洵，其字明允，别号老泉），二十七。始发愤，读书籍"，只要愿意学习就还有成才的希望；而获得了一点知识但不愿意（或不能）继续学习了，就可能出现"伤仲永"的遗憾。

其次，我们要有一种实施"登山课程"的理念。日本教育家佐藤学在《学习的快乐——走向对话》中提出了教学的两种课程模型："阶梯型"课程和"登山型"课程。他认为，"阶梯型"课程是追求效率性与生产性，其教育内容与学习活动是瞄准最终目标，划分好小步子，然后引导学习者朝最终目标步步攀升来加以组织的，目标的达成被视为教学的价值；"登山型"课程以大的主题（山）为中心，准备好若干学习的途径（登山路线），达到顶峰是目标，但其价值在于登山本身的体验及快乐。在"登山型"课程中，登山者能够选择自己的道路，以自己的方法、自己的速度登山，随着一步步的攀登，视野开阔，其趣无穷，即便不能攀登顶峰，也可以享受攀登过程中有意义的体验。这就是要帮助学生享受学习过程的快乐。

2013年元旦，我曾经写过"课上耕耘人未倦，只为追梦春满园；二零一二痕迹在，准备行囊走一三"以自勉。开始写的是"只为追梦花满园"，后来一想不对："花满园"太单一，忽视了多样性，而且追求的只是一种结果，是"阶梯型"课程的表达。"春满园"是什么？是接纳多样性，是追求一种生机盎然、蓬勃向上的生命状态，是一种"登山型"课程的表达。

说到这里，有的老师可能会说，考试分数怎么办？我的想法是，反正你盯着分数教分数又上不去，不如退一步让学生不断有进步，说不定成绩会因此上去也说不定。说一句不好听的话，就是"死马当成活马医"。

第三，可以改变一些方法。比如，不一定要自己讲，可以让学生相互讲一讲。有这样一个故事。

> 一位教师出示了一道题让学生讨论"怎么算"：
> "幼儿园大班的小朋友做红花。他们送了小班的小朋友5朵以后还剩7朵。大班的小朋友做了多少朵红花？"
> 一位学生站起来说："这道题用减法算。"
> "为什么？"
> "因为老师您说过，碰到'还剩'就用减法。"
> 这时，教师感觉到由于自己讲解时的疏漏而造成学生理解的错误。她急切地希望讲明白这道题不能用减法的道理。但是，她越着急越表达不清楚，什么"部分数"、"整体数"之类的概念，越发引来学生迷茫的眼光。
> 一个童稚的声音打破教室中的沉闷："老师，我来讲——幼儿园大班的小朋友后来决定不送红花给小班了，他们把送给小班的5朵小红花拿回来。这时，拿回来的5朵，添上原来还剩的7朵，就是大班小朋友所做的红花。所以要用加法算。"
> 教师长长地舒一口气，用赞许的目光深情地看着这位学生。

教师为什么想不到"要回来"的方法？因为教师是成人，在成人的生活世界里，一般没有送出去的东西再要回来的道理，因此我们很难想到用"要回来"的方法处理。而小孩在活动中、在游戏中经常发生着送出东西又要回来的故事，小孩生活在这种生活经验中，所以他们想到了要回来。学生之间的语言和思维方式没有距离，所以，不要只是一味地自己讲，学生讲一讲说不定就会"柳暗花明又一村"。对已经掌握的同学来说，自己明白了再讲一讲就可能促进更进一步的理解和巩固。爱因斯坦曾经说："如果你不能简单说清楚，就是你还没有完全明白。"

讲这个故事，我还想借机说明另外一个道理：那就是老师要影响学生，一定要熟悉儿童的语言，了解他们的生活方式和思考问题的方式，只有进入他们的世界，和他们的世界接轨，才能有效地影响和改变他们的世界。我们常说要"蹲下身子看孩子"，我以为仅仅蹲下身子看孩子还不够，还需要蹲下身子和孩子们共同生活。

不自学的差距小是低水平上的没有差距，自学以后的差距是在同学们都可能有了进步，但由于原有基础、自学方法、学习条件和自学中投入精力不一样而出现的差距。我想，我们应该可以接受这样的差距，不能因为这样的差距就不让学生先学了。

# 怎样提高学生的先学质量

在教育实践中，有很多学校都在用"导学案"组织学生先学。相应的，对如何设计和运用导学案，老师们的问题也就很多。比较集中的问题是："老师发放预习题单后要求学生回家预习后再完成题单，但有一部分学生不按要求进行预习就忙着开始做题单；即使预习了的同学效果也不好，完成题单的质量不高；预习后会导致学生之间的差距更大，差生对新知还是不知道，而优生已经自学懂了，怎样保持优生上课的兴趣，落实好分层教学呢？"

在回答怎么办之前我谈两个观点请大家批评：

首先，我是不赞成对学生采用"优生""差生"分等说法的。1995年，我曾经写过一篇文章《最好不称呼"差生"》，这里请大家看一看。

在现实教育活动中，"差生"是用得比较普遍的一个概念，尽管辞书上仅有对"差"（不好、不够标准）而没有对"差生"的解释，教育学有关书籍上也没有这个概念，人们还是在大量运用它。人们对"差生"的分类一般有两种：一种是学习成绩差生，二是行为习惯差生。而理解也是约定俗成的，即多以不能升学作为学习成绩差生的标准，以不听老师的话作为行为习惯差生的标准。可以说"差生"的运用是应试教育和以教师为单一主体的评价体系下的一个概念。

对"差生"的理解和运用方式是与素质教育格格不入的。首先,"差生"否定了人的素质结构和表现的多样性。人的基本素质具有心理、生理和社会文化不同层面,包括了身体素质、心理素质、智能素质、道德素质、审美素质、劳动素质、交往素质等内容,仅从学业成绩或行为习惯方面就认定某某人是"差生"显然是片面的,它不利于人的全面发展。其次,"差生"否定了学生发展变化的可能性。青少年是发展中的人,他们身上展示的各种特征还处于发展和趋向于成熟的过程中,在他们身上还潜藏着在某些方面发展的可能性,教育得法就可以使他们得到发展,成为各种人才;即使在某些方面有所不足,一般也存在矫正的可能性。而"差"是什么?"差"就是不好,不够标准。这种对"差生"的理解既不承认学生发展的阶段性和个别差异性,也否定了发展变化的可能性。再次,"差生"带来的心理负面影响是十分明显的。社会心理学告诉我们:每个人都程度不同地存在社会尊重、自尊和自我实现的心理需要,背上"差生"包袱的学生发奋图强者固然有之,但更多的是感到被歧视,因而易出现心理挫折,意志消沉,甚至失去要求上进的内驱力。对家长而言,这个概念带来的负面影响也不言而喻。对教师而言,因概念本身否定发展的可能性,容易造成教师辅"差"信心的减弱和丧失。

鉴于此,我建议最好不要称呼"差生"。

那么,如何称呼那些在某个阶段、某些方面进步比较慢的学生呢?我认为用"后进生"代替"差生"的称呼比较好。"后进生"就是指进步比较慢、水平比较低的学生。使用"后进生"时前面加上限定词,如"学业后进生"、"行为习惯后进生"等等,这样,既承认了学生发展的不平衡性,又肯定了他们以后发展的可能性,从而将负面心理影响降到最低限度。"后进生"的目标是什么?就是加快速度赶上去,使各方面素质得到协调发展。

其次,对于不自学时学生之间的成绩差距较小,自学以后差距扩大,我们应该怎么看?可以说,不自学的差距小是低水平上的没有差距,自学以后的差距是在同学们都可能有了进步，但由于原有基础、自学方法、学习条件和自学中投入精力不一样而出现的差距。我想，我们应该可以接受这样的差距，不能因为这样的差距就不让学生先学了。

然后说一说怎么办的问题，我的建议有这样两点：

## 一、加强自学案的集体研制

现在很多学校都在强调教学要建立在学生先学的基础上，为了避免先学的盲目性，大多采取了发给学生导学案（或者自学提示单）的做法。我以为这是很有意义和价值的。但有了这样的改革，教师的工作就要随之而变，其中一个改变就是要花更多的精力和智慧研制学生先学的学案。我看到有的自学案只有"预习教材 P18—P19 的内容"，然后就是练习题，我以为这只是把原来的课后作业挪到课前来完成而已，起不到导学的作用。因为从这样的导学案中，学生不知道先学的具体任务是什么，也不知道先学的要求是什么，更没有选择性。我以为，好的导学案一定要具体，特别是要在学习方法和流程上使学生获得明确而具体的指导，并且学生能根据自己的实际情况在学习内容和学习方法上有一定的选择自由。

先来看一个国外的例子。2011 年第 6 期《新语文学习·中学教学》刊出了江和平老师的文章《小学教科书习作教材的比较、分析与反思——以人教版、苏教版及美国教材为例》，文章介绍了美国的一个习作教材——美国霍顿公司出版的《英语》第二册第二单元的"写一个自述"。

【听一个自述】

《格萝丽亚》（课文略，课文内容是关于交结新朋友的一个自述）

**认识自述**

自述是一个关于你的故事。它讲述了一些真实发生的事。当你写关于你自己的故事时，记住要做这些事。

用"I"（我）和"me"（宾格"我"）。

只写发生的一件事。

写足够多的细节来帮助你的读者想象发生了什么事。

写的项目只能用：首先、接着、最后。

以一个有趣的方式开始你的故事。结束时交代故事怎样结束或你有什么感受。

【阅读学生习作及教师的批评】

（略）

【写作步骤】

1. 选择话题

列出 3 件你亲身经历的事。

和你的伙伴讨论每件事情的主题。

2. 关注写作技巧

讲述足够多的细节。

保持主题（不偏题）。

3. 构思你的自述

像范例那样按事情发展顺序制作一张表。在表格里写上关于 5 个问题的细节，来展示事件发生的顺序，包括所有的细节。

4. 写自述

有时候你用一句话写一个细节，有时候你可以把很多细节写进一个句子里。

使用你制作的事情顺序表帮助你写故事。

使用你在表格里列出的一些细节来写开头的句子。

用另一些细节来帮助你写剩下的故事。你可以每个细节写一句话，也可以把更多细节放在一个句子里。

使用最后一栏中的一些细节来写结尾。

5. 读你的草稿

抄写下面的句子，对你的自述做自我评价。

优 秀

我的开头很精彩。

我写了很多细节来说明五"W"。

所有的句子有条理并围绕一个主题。

最后一部分说明了故事是怎么结束的。

我有什么感受和我学到了什么。

只有一点拼写错误。

**有待提高**

开头可以更有趣。

需要更多细节来说明五"W"。

有些句子没有条理，没有围绕一个主题。

故事需要一个更好的结尾。

拼写有许多错误。

6. 修改你的自述

思考你和你同学交谈的内容。为你的草稿做一些改动。下面的修改策略会帮助你。

（修改策略，略）

7. 校对你的自述

校对草稿，使用校对清单和校对符号。

（校对清单和校对符号，略）

8. 发表你的自述

写：通过电子邮件发送给你认识的人。

　　把故事制作成一本连环画。

说：以作者的身份来朗读这个故事。

　　当你或同学表演的时候说这个故事。

示：加照片或为故事画图。

　　把故事印在一件滑稽的运动服上。

我们可以看出，他们的教材对教学的内容和写作的方法都提出了非常具体而有结构的要求。

再来看一看我们对学生活动的要求。最近我观察一位语文老师上《地震中的父与子》，他对学生有这样的自学提示："自由读课文，读准字音，读通句子，想一想这是一场什么样的地震，文章中的父与子是一对怎样的父与子。"对这样的自学提示我们可以提出这样一些的问题：自由读课文，如果学生选择的是默读课文，能否达到读准字音，读通句子的目的？如果选择大声朗读课文，怎么完成"想一想"的思考任务？对于"这是一场什么样的地震"，你希望学生回答什么问题？如果仅仅是知道这是一场大地震，是否有必要作为自学的任务提出来？对于这是一对什么样的父与子，你希望学生回答什么？

从给予学生具体指导的角度，我建议进行以下调整。

一、朗读课文，标注不认识的字，查字典读准字音。
二、默读课文，完成下面三个任务：
1. 勾画不理解的词语，查字典理解这些词语意思。
2. 勾画描写地震状况的词语和句子，想一想这是一场什么样的地震。
3. 想一想文章中的父亲有什么样的信念，文章中儿子为什么能一直坚守。

具体到什么程度呢？我在和老师们讨论有效教学实践的时候，曾经给老师们提出建议，在学生进行学习活动之前，一定要让学生明确几个问题：一是要明确学习对象是什么，比如读的是"课文的第5—12自然段"；二是要明确学习任务是什么，比如要"标注不认识的字，查字典读准字音"；三是要明确相对有效的方法和学习结构是什么，比如要完成"读准字音"的任务，就要建议采取"朗读"的方式，要进行思考，就需要提示学生采取"默读"、"勾画"的方式；四是要明确对自学任务完成情况的检查方式，比如"准备在全班交流"等。以这几个明确作为导学案的具体要求，我以为也是恰当的。

我曾经上过一次《本月我当家》，布置过先自学的任务，后来听学生说："陈老师的教学不按我们的规矩出牌。"听到这样的说法，我感到遗憾，因为我在这个班只上了一次课，不知道他们原来"出牌"的方式是什么，上课之前，我又没有进行过调查，不知道学生手里有什么"牌"。这启示我，在今后的教学中，如果布置了先学任务，提出了自学要求，在上课之前，最好分别找基础较好和有困难的学生了解一下自学的情况，根据自学的情况安排教学活动，让他们有机会打好"自己手中的牌"。现在我们主张课后教学反思，有了先学后教，有了导学案，就要对先学后教和导学案的质量水平进行反思，根据学生的使用情况，根据实际效果进行反思和改进，使导学案更加合理，对学生帮助更大。

## 二、要给学生自学的示范

不仅学生的学习需要老师的指点，如何自学也需要教师的示范，需要做得较好的同学做榜样。我在给学生上《唯一的听众》的时候，布置了"默读全文，想一想你读明白了什么"和"找一找你还有什么问题不明白"的自学任务。我在备课中，自己也要按照自学提示先自学一番，想一想"自己读明白了什么""还有什么问题不明白"，然后对不明白的问题自问自答，并形成了自己的批注。

后来一想，这可以给学生以启示，于是给每个同学准备一份，在第二课时前发给同学们，一是让他们参考，二是有了这样的东西，以后的教学就可以围绕"读了陈老师的学习批注，你又明白了什么？还有什么问题需要讨论"进行了，可以说是一举多得。

就同学之间的差距，我们说一要承认差距，不要为了没有差距而放弃发展和进步，不能削峰填谷；二要采取措施帮助困难学生，使他们能迎头赶上，缩小差距。缩小差距，可以把差异看成资源，可以安排学得较好的同学与学习有困难的同学结对交流，一方面促进学得较好的同学在讲解过程中巩固，另一方面同学与同学之间可能更有共同语言，说不定有意外的效果和收获。

在学生积极性起来以后，我们要研究如何让学生更有质量地动起来，通过参与适度紧张的智力活动和有价值的情意活动实现发展。

# 如何把学习积极性转化为教学的高质量

理想课堂把关注改善学生课堂生存状态作为一个重要目标，有的老师有这样担心：教师关注学生的兴趣，学生在课堂上的积极性高，却不能保证课后作业的质量。

对这一问题，我的看法是：就一般的认识和理解而言，学生在课堂上的积极性高了，应该学得更好，课后作业的质量应该是更高的。基于这样的常识，我是坚决主张一定要让学生参与进来，一定要让学生动起来，一定要创造机会让学生表现出来的。

为什么课堂上学生的积极性起来了，课后作业的质量反而不能保证了呢？我觉得不是积极性高本身带来的问题，而是我们没有把积极性用对地方，对学生通过什么样的活动实现发展的理解和实践有偏差，实践中的活动可能是形式化的活动，积极性是没有智力和情意参与的表面热闹。因此，在学生积极性起来以后，我们要研究如何让学生更有质量地动起来，如何让学生更有效地参与进来，更有质量地表现出来。

如果大家认可我的教学效率公式，根据公式，我想提醒大家反思的问题是：

学生的积极性是否体现在对教学内容的关注上？比如是否用在了学生必须掌握的基础知识和基本技能上？教学内容的设计本身是否有挑战性？教学内容是不是教学目标的组成部分？学生是否在朝着教学目标的"山"积极努

力地"攀登"?

学生的活动是不是比较紧张的智力活动和有价值的情意活动？学生是否从比较紧张的智力活动和有价值的情意活动中获得了基本的活动经验？学生在活动中是否经历了充实、改造、完善原有经验的过程？活动是否能帮助学生体验更加丰富和饱满、更加温情和细腻、更加崇高和果敢等情感？是否致力于发现人的丰富性和可能性？

是几个活跃分子在进行比较紧张的智力活动和有价值的情意活动，还是很大比例的同学在参与比较紧张的智力活动和有价值的情意活动？有多少同学的积极性被调动起来了？是否关注到"们"的指向？

……

也有教师向我提出过这样的问题："如何落实课堂中学生自主、合作、探究的学习方式？怎样做才能真正有效？"基于对教学效率公式的理解，我认为无论哪种学习方式，关键和核心都在于"同学们围绕教学内容的比较紧张的智力活动和有价值的情意活动"。我自己曾经上过"三角形的分类"，课堂上我给同学们设计和安排了这样一些学习活动：（1）观察桌上三角形角的特征，然后对它们进行分类，可以试着各起一个名字。（2）看一看同桌同学是怎么分类和起名字的，是否和你一样？（3）跟同伴说一说你是怎么想的，怎么做的，听一听同伴是怎么想的，怎么做的。（4）准备好你的想法和做法，参与全班交流。这样设计和安排，是基于这样的流程考虑：先要自主学习，在指示出自学的方向（学生的自主学习一定是有向的自主，有向的探索）以后，要安排出自学时间，提供自学的机会，让学生能独立思考一番，并在独立自学的过程中学会独立完成自己的学习任务，承担自己的学习责任；自己有了基础、有了准备，就可以合作学习了，并在合作学习中相互分享，相互问难质疑，相互启发促进；小组合作学习以后，如果还有确实需要解决但还没有解决的问题，再安排探究性学习。可以说，自主学习、合作学习都有探究的性质。作为一种理念，探究学习应该贯穿学习的始终；但作为一种学习方式，我是不主张一开始就探究性学习的，还是先要有自主学习、合作学习做基础，自主学习、合作学习解决不了的、确有探究价值的，才需要花时间组织探究学习。

其实，无论是自主学习、合作学习，还是探究学习，每一种学习都有内在的规律和要求，都需要深入实践和研究，都需要在行动研究、实践反思的过程中完善和发展。我能说的就只能是这些基本的原则和步骤，更具体的东西还要靠自己去研究。

# 相关问题与回应

问：陈老师，我记到你曾经表达过这样的观点："没有完美无缺的教学，在生命有限、时间有限的背景下，所有的教学都可能是有所损害的，在某种意义上，所有教学都是有害的。"对于这样的观点，想一想的确有道理。但由此带来的问题是：这会不会导致相对主义而使教学研究变得无价值？会不会导致关于教学规律的虚无主义？有没有相对好的教学？从课程内容和教学方法的角度，你认为好的教学有什么样的特征？

回应：谢谢您，您的思考很深刻，这是一个很有水平和质量的问题。

我先说说表达这个观点的用意。一方面，我在实践中看到了教育的复杂性和多种可能性，我们需要承认这样一个事实，我很高兴看到你能认可这个观点的合理性。另一方面，强调所有教育可能都是有害的，目的在于使我们对教育保持一种审慎和敬畏：因为教育可能是有害的，所以我们不能妄自尊大，任性胡为，搞教育需要研究、需要深思熟虑、需要仔细权衡。我想，我的主要用意在这里。从这种意义上，我们更应该关注和研究教育的复杂性，这样的认识将凸显教育研究的意义和价值。

我们要说，没有绝对好的教学，但相对好的教学肯定是有的。好的标准在哪里？就在于遵循教育教学的基本规律，比如适应了儿童身心发展的需要和规律，满足了社会发展的需要，教育和教学相互统一。研究和把握了这样一些基本规律的教学就是好的教学，我想，这应该是教育工作者的共识。

当然，这是大的标准，具体到某一个时期、某一个国家和地区、某一所学校、某一个教育工作者，可能又会有各自的理解和标准，这些标准反映了各自的教育哲学和教育见解，使教育实践彰显出不同的个性。就我个人来说，过去说过好课是"学生喜欢、质量不错、负担不重"的课，这是从结果和学生的角度看的，现在来看，也不算有错。就教学内容和教学方法讨论相对好的教学，现在我认为要关注这样几个方面：

首先，好的教学应该致力于开启，而不是导致关闭和阻断。关闭和开启的概念来自于美国哈佛大学发展心理学教授霍华德·加德纳的多元智能理论。学习多元智能理论，我概括出了如下要点：（1）智力不是以整合的方式存在，而是相对独立的，有各自的发展规律并使用不同的符号系统。（2）每个人的智力都有独特的表现方式，每一种智力又都有多种表现方式，所以我们很难找到适用于任何人的统一的评价标准来评价一个人聪明与否。（3）在正常条件下，只要有适当的外界刺激和个体本身的努力，每一个个体都能发展和加强自己的任何一项智力；先天资质、个人成长经历和个人生存的历史文化背景是影响智力发展的三种因素；开启经历和关闭经历是两个重要的变化过程，是个体智力发展的转折点，前者起到开启智慧的作用，后者起着扼杀智慧的作用，后者通常与耻辱、内疚、恐惧等消极经历有关，它会中断一个人某种智力发展的路程，从而使这种智力失去进一步发展、完善的机会。

我自己曾经上过《晏子使楚》，在教学之前，我自己想，关于尊重、聪明、爱国、勇敢主题的课文，小学教材并不缺乏，学生有机会接触和学习，不学这样的内容不会导致关闭，而外交官的生活在小学中的课文几乎没有，于是我选择把学习外交生活的交流方式作为教学内容，这就是在做开启学生今后成为外交官的生活可能性的尝试。

关闭和阻断是什么？比如，对一个正在涂鸦的孩子说"画成那个样子还好意思"，是一种关闭；在课堂上以狭隘的观点、偏执的见解简化教学内容的丰富性，扼杀学生未来生活的可能性，也是一种关闭；该开的课程不开或少开，使学生的多元智能得不到相应的符号系统熏陶，是一种阻断……

其次，好的教学追求价值丰富性，追求更高的价值。比如，你只关注知识和技能，我注意了过程和方法并使学生受到了情感的熏陶，我所追求和实现的价值比你丰富；再如，你教语文培养的是对文本观点和写法的接受意识，我更注重培养学生对文本的批评意识和创造意识，相对而言，我认为在创新的时代，培养创新意识更符合时代的需要，具有更高的价值。

再次，好的教学是自洽的。针对不同的学生、不同的教学内容，要选择和匹配合适的教学方法，确保教学目的追求、教学内容选择、教学手段使用是一致的。一致性反映自觉性，因为对教学自觉、实施好教学的老师能对自己的教学进行合理性辩护。

最后，好的教学要回到杜威的话中："最好的一种教学，牢牢记住学校教材和现实生活二者相互联系的必要性，使学生养成一种态度，习惯于寻找这两方面的接触点和相互的关系。"

# 第八讲

## 观课议课与教学评价

**本讲要点提示：**
- 用课程的合理性和教学的有效性评价学校
- 从理想课堂愿景看好课
- 从教育假设看教师评价
- 课堂教学评价中的真善美
- 相关问题与回应

从第二讲到第七讲，我们架构了理想课堂的四个愿景，并讨论了如何具体实践。在这个过程中，不断有教师提出这样的问题："你讲得很好，可是评价不改怎么办？"有的校长不仅提出这样的问题，还附带一个问题："如何评价一堂好课？"归到一起，就是评价问题。

对于国家的考试政策，我们可以建言献策，但这终究不是一线教师能决定的。"上帝的归上帝，恺撒的归恺撒"，我们需要做自己能做的。在这一讲里，我想讨论如何对学校的课程进行评价，如何对课堂进行评价，如何对教师进行评价，如何对学生进行评价等问题。

需要说明的是，评价问题是一个难题，现有的思考很难给出一个满意的回答，只能抛砖引玉，更多的还要靠大家在实践中探索和完善。理想课堂建设重在建设，建设相应的评价体系就是我们的一个任务。

教育的任务在于提供有助于学生成长和发展的环境，并组织学生参与能够实现自身成长和发展的教育活动，学生生活其中、参与其中的课程才真正对学生成长有帮助。学校的产品是课程，我们应该用课程的合理性和教学的有效性评价学校。

# 用课程的合理性和教学的有效性评价学校

在《国家中长期教育改革和发展规划纲要》征求意见时，我曾经提出将"改革考试评价制度和学校考核办法。规范办学行为，建立学生课业负担监测和公告制度。不得以升学率对地区和学校进行排名，不得下达升学指标"调整为"改革考试评价制度和学校考核办法。规范办学行为，建立学生课业负担监测和公告制度。不得以升学率对地区和学校进行排名，不得下达升学指标。对学校课程合理性和有效性进行评价"。之所以提出这样的建议，是因为只提"不得以升学率对地区和学校进行排名，不得下达升学指标"，这只有"破"而没有"立"，没有一个可"立"的东西取代，这就容易导致操作性的缺失。由于缺乏操作性，多年减负并没有成效，往往是"雷声大，雨点小"，一阵风过去，学生负担变本加厉，人们再也不相信减负的措施了。

为什么提出用"课程合理性和有效性"代替"升学率"和"分数"呢？

教育学告诉我们：学生的发展首先会受到遗传基因的影响和制约。杜威就说："遗传是教育的极限。"20世纪60年代，美国学者科尔曼通过调查有了这样一个发现：以前我们一直视为决定学生学习"成绩"的因素，比如教师经验、课本质量、班级规模、学校高标准的硬件设施等，恰恰与学生的学习成绩没有什么关系，学生75%的成功来源于其社会经济、家庭、文化背景，而这些因素不是教师们能控制得了的。"科尔曼报告"告诉我们，学生的学习成绩好坏不全是由他们的学校和老师决定的。

可以说，教育中的诸多困惑和问题的根子在于把学生、学生的成绩看成了学校与教育的产品。

比如，学校的狂妄和社会对教育的苛责并存。对优秀学生的成长和成才，学校往往贪天功为己有，表现出了不应有的狂妄和骄傲。与此相应，既然学生是你的产品，你就该承担学生不够理想、产品不合格的全部责任，有了问题你就要担当。这样，社会的毛病全部都要教育吃药，板子都要打在教育、打在学校身上，社会对教育的苛责也随之而生，学校和教师被无限的社会责任压得喘不过气来，教育失去了应有的独立和尊严。

又比如，教育和管理行为错位。当管理者把关注产品的眼睛锁定在学生身上的时候，学生质量成了衡量教育质量的唯一标准，这很容易导致重结果轻过程的管理现实。学校和教师是如何影响学生发展的？是如何实现学生发展的？教育过程是否人道、是否科学？……这样的问题得不到应有的研究和考察，素质教育也就只能停留在口号和文件中。管理的取向和行为直接影响了教师的工作取向和行为方式，当教师把全部力气用在加工和塑造学生的时候，加班加点难以杜绝，机械重复的训练难以避免，学生的负担越来越重，应试现象越来越触目惊心，尊重学生、发挥学生的主体性就只能成为美好的愿望。

我曾经在公共汽车上见两个一年级的小朋友回家，彼此兴冲冲地交流看过的故事书（是不是漫画我不知道），所使用的词语有的很生僻，多次提到"叛变""叛徒"，并且有"叛变的高手"的说法。我好奇，问"叛变是什么意思"，小孩子也能说出意思。他们彼此的交流句式也比较长，偶尔也有"因为……所以……"的关联。这让我思考：我们的语文——母语，怎么会让学生觉得如此难学？两位同学不在一所小学，交流起有什么课来，一位同学拿出了课程表。我借来看一看，发现周一、周二没有语文、数学以外的其他课，周四、周五没有语文、数学课。为什么会这么排课呢？是为教研的方便？是教导处的老师根本不懂教育？是他们图简便？还是有其他的理由？

在成书于20世纪30年代初的《一个小学校长的日记》中，对如何排课，刘百川先生有这样的主张："用心精密与肌肉活动细密的功课，时间宜短、不宜长；有变化的作业时间宜长，无变化的作业时间宜短；学习困难的功课，宜排在上午；功课不须用心的可排在下午；须细小筋肉配合作用的，不宜排在激烈运动以后；饭前饭后要避免体操和运动；有练习作用的功课，时间宜短、次数宜多；每日功课的排列要有一定的法则，便于学生记忆；用手与用脑的作业，要相互调剂；要为大多数人谋便利，不能接受不合理的条件。"

对比一下，我们可以看一看今天课程是否合理。

再如，教育评价不公。不容置疑，办学条件好的学校更容易获得更优质的生源。在这里，更优质不仅意味着学生的智力条件和原有基础的相对出色，而且意味着家庭学习条件和社会学习环境的相对优越。受这多种有利因素的影响，这样的学生更容易成才。很显然，以学生的质量作为办学水平和办学质量的评价标准，对处境不利的学校和教师很不公平。这种评价中的"马太效应"，加大了名校和处境不利学校间的差距，伤害了处境不利学校和教师的发展积极性，其结果不是教育变得均衡，而是差距越来越大。

我认为，教育的任务在于提供有助于学生成长和发展的环境，并组织学生参与能够实现自身成长和发展的教育活动，学生生活其中、参与其中的课程才真正对学生成长有帮助。学校的产品是课程，学校和教师的价值在于提供促进学生健康发展的课程，评价教育质量应该评价课程。

建立以课程为主要对象的教育评价体系，我们可以通过对学校和教师在课程建设中的理性水平、实际付出的考量，评价学校和教师课程建设与开发的劳动付出；通过对课堂上的课程表现和实践的形态与质量（课程的教育性、丰富性、适切性、可选择性、经济性等），评价学校和教师的课程水平与质量；通过学生在课程实践中变化的增量，考查学校和教师课程的效益与价值。用课程评价学校和老师，我就不仅问你教过多少优秀的学生，而且问你在这些优秀学生的成长中做过什么，提供了什么样的课程，在开发和实践这些课程时有什么样的追求，付出了什么样的劳动……如果你不能说清楚学生在你这里得到过课程的帮助，我就不把这位学生成才的功劳算在你身上。

对此，我们的乐观期望是，评价课程的合理性和有效性，可以引导社会、学校、家长把精力用在关心和建设高质量、高水平的课程建设上，而不把心思用在如何对学生"榨油"上，有利于把减负落到实处。课程合理了，学生的成长也就容易产生相对理想的效果。

　　那什么样的学校课程是理想的呢？老子说："治大国若烹小鲜。"我这里试以食物为隐喻讨论理想的课程。首先，课程要"干净"、"清洁"，这是自不待言的。除此之外，学校课程应该保障营养全面，其"膳食标准"和所期望的"营养结构"可以说已经由《课程标准》提供，在这样的标准下，做出什么样的"菜品"就是学校和教师的"手艺"了。其次就是选择性，每个人能根据自己的条件有机会选择。营养全面需要以基础性和丰富性做保障，丰富性提供了选择性。从这种意义上讲，我是反对在缺乏课程丰富性和学生可选择性的情况下说学校课程特色的：学校在这一点上不能像餐馆，餐馆可以以某几种特色菜品吸引顾客，顾客可以选择；在义务教育阶段的学校，学生进来了，要生活几年，我们不能长时间让他们"偏食"。我们要知道，很可能我们自认为最有营养的食物学生不喜欢，或者不适合学生。比如，海鲜就不适合有痛风病症的客人。好的课程当然也要看学生的感受和发展，好的课程其实施过程应该让学生幸福快乐，应该对学生的成长有更大和更多的帮助。

建设理想课堂，我们需要一个大致的标准指引课堂教学的改进和理想课堂的实践，这样的标准我们可以从理想课堂的愿景中寻找。

# 从理想课堂愿景看好课

以理想课堂的愿景做背景，我们可以从这几个方面去思考理想课堂的评价标准，并以此指引我们理想课堂建设的实践：

## 一、考察学生在课堂上的生存状态

我们可以从学生的生存环境、参与状态和在课堂上的进步几个维度来考察。

从生存环境看，课堂的整体氛围是不是安全的、受关怀的？学生是不是被接纳的、受鼓励的？学生的人格、差异和表现自己的愿望是否得到尊重？课堂上的规则和规范是不是道德的？

从参与状态看，学生是否有较多的机会参与？在参与中，学生是否获得了平等的机会和公正的待遇？他们的参与是不是积极而主动的？学生参与表现的水平如何？

从课堂的收获看，学生是否对课堂教学有满意的表现？这种满意表现为参与和表现的愿望得到满足、实现，能被信任并享受智力挑战的乐趣，体验到了成长的收获和快乐。

## 二、考察教师在课堂上的生活状态

我们可以考察：

教师对课堂教学是否怀有憧憬和梦想？
教师在课堂上的表现是否自如而有信心？
课堂上是否有所创造和改变并能体味和感受到创造的快乐？
教师是否能自觉地和学生"同学"并享受成长的快乐？
教师的实践反思是否自觉而深刻？
……

### 三、考察教学内容的合理性和适切性

从教学内容的价值和意义考察：教师是否能意识到挖掘教学内容对学习生存本领、生活智慧、生命意义的促进作用，并为此选择教学内容，设计教学活动？是否选择了价值更为丰富、对学生更有价值的教学内容？学生是否感受到所学内容的意义和价值？

从教学内容研究的视域和范围考察：是否基于课程标准设计教学内容？是否理解和把握了教材中的教学内容？是否能恰当开发和运用其他课程资源？

从教学内容的适切性考察：教学内容是否适合学生的能力和水平？是否在"最近发展区"中施教？是否考虑了相关知识、学生经验的前后关联，并建立了其中的关联？

从教学内容的结构性考察：是否有结构地呈现了学习内容？是否帮助学生认识和梳理了相关结构？是否通过有结构的教学帮助学生学会学习、学会在生活中运用课堂上的所学？
……

### 四、考察教学活动的有效性

我们可以考察：
学生是否表现出对教师的信任并因此而有较高的积极性？
学生的学习方式是否和教学内容契合，并和自身的学习能力、水平合拍？
学生的参与是否主要表现为适度紧张的智力活动参与和有价值的情意活

动参与?

教师对学生的学习是否提供了合适的支持行为(比如用多媒体组织学习活动,通过追问帮助梳理,通过小结形成结构,通过复述引导倾听,支持学生感受和表达收获的快乐,等等),并收到了良好的效果?

学生是否养成良好的学习习惯(比如阅读、讨论、倾听、与其他同学合作等),并采用合适的方式完成学习的任务?

学生是否在学会学习方面得到帮助,学习能力有所提高?

……

可以用是否有假设的过程考量教师的工作积极性和责任心；用假设的科学性、有效性和教学的实际效果考量教师的工作能力与成效；用是否有过假设、是否在实践中验证假设，并由此改善教育工作质量来考量教师的专业成长。

# 从教育假设看教师评价

课堂教学是考量教师的重要场所。"台上一分钟，台下十年功"，我们说有效教学的功夫在课外，教师课外的付出和努力是课上表现的基础。我们不能只关注课堂上表现的结果，而要更多地关注课下的生活，关注课下的努力、成长和有效劳动。我们可以把教育假设作为教师评价的一个要素。

## 一、教育假设的意蕴

恩格斯曾说："只要自然科学在思维着，它的发展形式就是假说。"乔治·奥尼尔认为："'假设情况'乃是我们对这个世界、我们自身及我们与世界关系的一种看法，是我们假定或认为真实的东西，也是我们凭借独一无二的直觉能理解的事实。"人是有意识的，但对未来的意识本质上是假设的。马克思说过："劳动过程结束时得到的结果，在这个过程开始时就已经在劳动者的表象中存在着，即已经观念地存在着。"头脑中建蜂房就是实践之前假设建蜂房的过程。可以说，有假设是人的基本生活状态和方式，人生活在对世界的假设中，我们总是基于假设而行动。

1. 教育假设的依据

假设需要一定的依据做基础。教育假设的依据主要包括：教师的个人实践性知识，它是教师在实践中真正信奉的个人经验；新近获得的外来信息，比如，集体备课时同伴提供的经验，专业阅读时获得的新认识，学生对教学的建议，等等；对眼前教学境况的认识和理解，比如，对眼前学生的认识和理解（这实际上又是对学生水平、能力和心向的假设），对教学内容的认识和理解，对教学媒体和工具的理解。

假设的过程是运用依据的过程。假设依据是否正确合理，是否完备充分，直接制约了假设的水平和质量。从这种意义上讲，教师专业发展的一个重要任务在于获得充分而合理的教育假设依据，在于建立一个有效假设的教育背景，为面向实践的教育抉择提供基础。

2. 教育假设的过程

教育假设是教师对教育实践要素的现状、彼此关系、发展前景的理解和推演。作为教师，我们可以在课堂上简简单单地教，但教学前不能简简单单地思考。教师需要这样的推演：

假设首先需要发现可能性。在这里，过去的实践经验是最容易想到的可能性。但只停留在过去的可能性，也就是固守在原有的经验中，教学就很难有改变和进步。因此，发现可能性既不抛弃过去的经验，同时又不被过去的经验束缚。布鲁纳说："要用我们的思想去创造可能的世界。"发现新的可能性需要教学想象力，比如，进行"假如做出这样的改变，会有什么样的结果呢"的想象。假设的意味蕴含着要释放教育的想象力——学会"大胆想象"和"换一个角度想象"。想象开辟了新的未来，新的未来带来新的希望，这可能使即将实施的教学少一种单调乏味的重复。从这种意义上讲，假设蕴含了创新教学的幸福。

假设需要小心论证。一方面，教学的时间是有限的，此处的有所为可能导致彼处的无所为，我们需要论证有所为导致的伤害，仔细权衡得失。比如，思考"假如这样教，可能带来什么样的损失"。另一方面，有所为需要有所为的条件，我们需要论证可行的条件，比如思考"假如这样教，需要什么样的条件，是否可行"。教育是一门充满选择和平衡的艺术，论证的过程是在多种可能性中选择更合理可能性的过程，它要回答"为什么确定这样的目标"、"为什么选择这样的内容"、"为什么采用这样的方法"等自我提问。

用虚践的方式验证假设。假设的过程带来假设的成果,这里的成果表现为教学的方案——这是以"观念"形式存在的一种"蜂房"。有了方案后,接下来的活动在头脑中"过一过电影"。相对真实的实践,"过电影"是头脑中的虚践。虚践可能是有意识的,也可能是潜意识的,"日有所思夜有所梦",有时可能出现"梦"这种虚践的方式。虚践本身是"虚",是在头脑中进行检验和完善实践方案的活动,它以完成的假设为基础,又以对教育实践情境的"假设"为背景。虚践得到看似更加合理的实践方案,使未来的实践把握更大。这里只能说"看似",是因为我们缺乏能力对未来"打包票",即使把握再大,我们也只能"假设",是否真正合理,还需要真实的实践来验证。

上述假设过程,首要的目的是增加对未来教学的把握性,降低教学失误乃至失败的可能性;其次的目的是以假设突破过去经验的束缚,奠定创新教学的基础,使未来教学寄托新的梦想,蕴含新的希望。假设的合理性和敏捷性,体现了教师运用个人实践性知识应对实践的智慧。

### 3. 教育假设的成果

教育假设的成果就是付诸实践的教学方案。只不过与教学方案比较,教育假设更强调反思性。把实践方案视为等待验证的假设,意味着教师应该保持一种研究的教育行走姿势,用研究的方式对待设计的教学方案,改进设计好的教学方案。

## 二、从教育假设的视角看教师评价

可以说,随时向教学行为背后的教育假设提问,能够清晰地表达教育假设依据,陈述教育假设过程的教师,是对教育假设有过思考,对教育有过研究的教师,这样的教师是负责任的教师。据此,我们可以用是否有假设的过程考量教师的工作积极性和责任心。

可以说,如果一个教师将基于某些假设的教学设计用于实践,能证明假设的合理性和有效性，这样的教师就是对教育有比较深刻的认识和理解，具有较高教学实践水平的教师。据此，我们可以用假设的科学性、有效性和教学的实际效果考量教师的工作能力和成效。

可以说，教学之前有假设、教学中和教学后能不断反思与调整假设，不断提升假设水平的教师，是不断成长和进步的教师，其教师生活是一种研究性的生活。据此，我们可以用是否有过假设、是否在实践中验证假设，并由此改善教育工作质量来考量教师的专业成长。

建设理想课堂，我们需要改善教学评价，使课堂上的教学评价具有真善美的特征，以更好地发挥教学评价促进学生成长的作用。

# 课堂教学评价中的真善美

布鲁纳说："自我可以——实际上必须——从'他人'的角度予以界定。"与一般人彼此之间的评价比较，教师对学生的评价具有更大的影响力：首先，接受评价的对象是成熟度较低、自我发展水平较低的学生，他们还缺乏自我认识能力，外界的评价对他们的自我发展影响更大。其次，在师生的关系角色中，教师是"权威"形象和"社会代言人"的角色，其评价往往被学生和学生家长视为"权威"，因而更加容易被学生和学生家长认同。再次，每个教师身后都有一群的学生，教师的评价往往形成同班同学乃至更大群体的相似评价，这样就容易形成一个相对一致的评价氛围，成为时刻影响学生成长的环境。建设理想课堂，我们需要改善教学评价，使课堂上的教学评价具有真善美的特征，以更好地发挥教学评价促进学生成长的作用。

## 一、课堂教学评价中的真

"数子十过，不如赞子一功。"课堂上，很多教师会用夸赞和激励的法宝。但观察实践效果，我们会发现教师的夸赞和激励并没有让学生眼前一亮。究其原因，是教师的夸赞和激励缺乏真诚与专注，学生知道教师的夸赞只是随口一说，当不得真的。教育是需要真诚的，爱也是需要真诚的。

1997年5月8日，时任联合国秘书长的科菲·安南对前来专访他的中央电视台《焦点访谈》记者讲述了他少年时期的一个故事：

有一天，我的老师在讲课的黑板上挂了一张白纸，白纸的右下方有个明显的小黑点。他问我们："同学们，你们看到了什么？""一个黑点。"我们整个教室里的人几乎都做出了这样的回答。

"不能这样，孩子们，你们不能这样。这首先是一张白纸！"我的老师那一刻沉重面焦的神情令我终生难忘。

讲到这里的时候，安南先生直起腰，左手在自己的右手上用力握了握，波光盈盈的眼神如荒漠中的一弯湖水……

"不能这样，孩子们，你们不能这样。"我们感受到的是教师爱学生的拳拳之心和真切之情。

我曾经到一所学校参加教学研讨活动，他们说做了一个研究，专门研究名师的教学评价用语，然后整理出来，让学校老师借鉴。在介绍研究成果时，举了一个例子，说一位名师如何把学生往天上夸。听完介绍，我提出了这样两个问题："当这位名师在夸学生今后会怎么样的时候，他自己是否相信？学生听完他这样的评价，会有什么样的感受？如果说的人自己都不相信，说出来的时候就可能缺乏真诚，而听的人明明知道这是假话，受评价的人就可能认为自己被当成一种调笑，被当成猴耍，心里反而不舒服。"

很多年前，看过这样一个故事：

在一堂初中地理课上，教师教完中国年产1000万吨的大煤矿后，让学生起来回答中国年产1000万吨的煤矿有哪些。

成绩比较优秀的甲同学站起来，一口气回答了九个，老师没有对他的回答做出评价。

这时，成绩比较落后的乙同学站起来，说了剩下的一个，老师立刻说："乙同学真不错。"刚说完，他就发现乙同学的脸沉了下来，老师猜到了学生的心思——刚才甲同学答对九个，你都不表扬，我答对一个你就表扬，这种表扬还不是在批评我比他笨得多？

意识到这一点，老师说："同学们，大家一定很奇怪，刚才甲同学答对了九个我为什么没有表扬,而乙同学答对了一个我却表扬了。我告诉大家,甲同学答对了九个当然该表扬,而乙同学答对了一个却更该表扬。因为乙同学答的一个与甲同学的九个不重复,说明乙同学听课很认真;另外,乙同学答的一个与甲同学的九个加起来就是全部年产1000万吨的大煤矿,说明乙同学对十个煤矿都知道。你们说,我该不该表扬?"

乙同学一脸的灿烂。

同学们更需要真实的、具体的评价,当他们有了自己的认识和判断能力的时候,廉价的表扬可能适得其反。

无论是鼓励和批评,教师都应该真诚、真心、真挚,"千教万教教人求真,千学万学学做真人"。让我们从课堂教学的评价开始!

## 二、课堂教学评价中的善

在我心中,教学评价中的善意味着宽容和慈爱,意味着对弱势群体的特别关心和爱护。有这样一个例子:

在某位优秀教师的课堂上,有一位同学理解课文很是独到,班上同学不由自主地为他鼓掌,没有想到这位老师却对同学们说:"对不起,我忘了跟大家说,我的课堂拒绝鼓掌,请大家不要在我的课堂上鼓掌。"

在公开课上我们看过太多的鼓掌,仔细研究,我们可以发现这位老师这种说法背后的善意:

首先,课堂上的掌声往往只为优秀的同学而鼓,相对落后一些的学生可能始终无法得到同学们的掌声,这会使那些得不到掌声的同学丧失自尊和自信,课堂上的掌声形成了马太效应,扩大了学生与学生的差异;经常获得掌声的同学还可能看不起没有得到过掌声的同学,并由此可能出现对立。想到这里,我想可能有的老师要说,社会上就存在成功者和不成功者,在生活中,我们都把掌声给予成功者,教育是要适应社会的。这样想不是没有道理,但我以为这位执教的老师除了这样想，可能还有另外的想法，那就是教育在适应生活的同时，还应该改变社会上某些不理想的存在（比如掌声只为当权者、上位者而响，不为普通民众而响），在学生进入社会之前，教育总要尽一些保护的责任，让学生感受到人与人之间的平等和温暖。这样一想，我就对这位老师的胸襟生出了敬佩。

其次，课堂上的掌声很多时候只是为结果而鼓。读课文读得好，"棒棒棒，你真棒"；回答问题精彩，"行行行，你真行"……这样的掌声和鼓励可能给被表扬的少数同学信心。但除此以外，我们能从"棒棒棒，你真棒"中学到什么呢？由于缺乏对受鼓励的具体行为的说明，被鼓励的同学不知道自己该坚持什么，其他同学没有从中得到努力和成长的方向指引，也不知道可以从中学习什么。这样的表扬其实是没有什么作用的。

### 三、课堂教学评价中的美

美是什么？我以为美首先是一种发现，它在真和善的基础上充满创意，富有创造，对学生产生了点燃和激励的效果，成为教育评价中的经典。

> 于漪老师有一次上公开课，讲《宇宙里有些什么》，让学生自由提出疑问。有一名学生站起来发问："老师，课文中有这么一句话，'这些恒星系大都有一千万万颗以上的恒星'，这里的'万万'是多少？"话音刚落，全班同学都笑了。"万万"就是亿呗，这是小学数学知识呀！提问的学生非常后悔自己提了一个被人讥笑的问题，深深地埋下了头。于漪老师见状，便微笑着对大家说："同学们不要笑，也不要小看这个问题，它里面有学问呢。哪位同学能看出其中的奥妙？"经于老师这么一问，课堂一下子沉寂下来了。过了一会儿，一位学生站起来回答："我觉得'万万'读起来响亮许多，顺口许多。"于老师说："讲得好！其他同学还有高见吗？"另一位学生站起来说："还有强调作用，好像'万万'比'亿'多。"在确认没有不同看法后，于老师总结道："通过对'万万'的讨论，我们了解到汉字重叠的修辞作用，它不但读起来响亮，

而且增强了表现力。那么，请同学们想一想，我们今天这个知识是怎样获得的呢？"全班同学不约而同地将视线集中到刚才发问的学生身上。这个学生如释重负，先前的惭愧、自责一扫而光，仿佛自己一下子聪明了许多。

# 相关问题与回应

问：陈老师，你好。我是一名幼儿园教师，你主张用适度紧张的智力活动实现教学效率，并分享了《从现在开始》的教学片段。看完以后我总觉得有问题，上课的老师太强调得到某一个固定的答案了，如果在幼儿园出现这样的老师，恐怕早就出局了。本讲你谈到评价问题，我想和你谈论一下这个案例，它是否有评价中的真善美？

回应：很高兴你提出这样的问题。对你的问题我这样思考：

首先，幼儿园、小学、初中、高中针对的是不同年龄段的学生，他们对他人评价的认识和理解水平不一样，因此他们对评级中的真善美的要求是不一样的，比如小学高段、初中、高中的学生能判断评价的真实性以后，真的问题也就需要多加考虑了；善的问题在学生一生中都很重要，在幼儿园、小学低段更有价值。所以，不能一概而论的。总的来说，是要服务于促进学生发展，为幸福生活奠定基础的。能服务于这样的目的的评价，我以为就是值得肯定的评价。

其次，各个学段有自己的定位，对于学生的发展会有不同的要求，教师也应该有不同的出发点。我们可以看两个例子。

1968 年，美国内华达州一位叫伊迪丝的 3 岁小女孩告诉妈妈，她认识礼品盒上"OPEN"的第一个字母"O"。这位妈妈非常吃惊，问她怎么认识的。伊迪丝说："是薇拉小姐教的。"这位母亲表扬了女儿之后，一纸诉状把薇拉小姐所在的劳拉三世幼儿园告上了法庭，理由是该幼儿园剥夺了伊迪丝的想象力，因为她的女儿在认识"O"之前，能把"O"

说成苹果、太阳、足球、鸟蛋之类的圆形东西，然而自从劳拉三世幼儿园教她识读了26个字母，伊迪丝便失去了这种能力。她要求该幼儿园对这种后果负责，赔偿伊迪丝精神伤残费1000万美元。

诉状递上之后，在内华达州立刻引起轩然大波。劳拉三世幼儿园认为这位母亲疯了，一些家长认为她有点小题大做，她的律师也不赞同她的做法，认为这场官司是浪费精力。然而，这位母亲却坚持要把这场官司打下去，哪怕倾家荡产。

3个月后，此案在内华达州立法院开庭。最后的结果出人预料，劳拉三世幼儿园败诉，因为陪审团的23名成员被这位母亲在辩护时讲的一个故事感动了。她说："我曾到东方某个国家旅行，在一家公园里见过两只天鹅，一只被剪去了左边的翅膀，一只完好无损。剪去翅膀的被放养在较大的一片水塘里，完好的一只被放养在一片较小的水塘里。当时我非常不解，就请教那里的管理人员。他们说，这样能防止它们逃跑。我问为什么，他们解释说，剪去一边翅膀的无法保持身体平衡，飞起后就会掉下来；在小水塘里的，虽然没被剪去翅膀，但起飞时会因没有必要的滑翔路程，而老实地待在水里……当时我非常震惊，震惊于东方人的聪明。可是我也感到非常悲哀，为两只天鹅感到悲哀。今天，我为我女儿的事来打这场官司，是因为我感到伊迪丝变成了劳拉三世幼儿园的一只天鹅。他们剪掉了伊迪丝的一只翅膀，一只幻想的翅膀，人们早早地就把她投进了那片小水塘，那片只有ABC的小水塘。"

这段辩护词后来成了内华达州修改《公民教育保护法》的依据。现在美国《公民权法》规定，幼儿在学校拥有两项权利：一是玩的权利，二是问为什么的权利。

这是在幼儿园。另外一个例子发生在小学。

一位家长，在孩子读幼儿园的时候，对孩子提出了这样一些问题：
4只点燃的蜡烛，吹灭了1只，第二天早上，还剩几只蜡烛？
经过启发，孩子意识到：$4-1=1$。

一只长方形的桌子，截掉1个角，还剩几个角？

孩子发现：4－1＝5或者4－1＝3，

一棵树上有4只小鸟，猎人打死了1只，树上还有几只小鸟？

经过分析，孩子知道，在这里，4－1＝0。

鱼缸里，有4条金鱼，死了1只，鱼缸里还剩几只金鱼？

孩子学会了思考，得出了自己的结论：4－1＝4。

……

孩子进小学了。老师在作业中写出了"4－1＝"的题目，孩子兴奋地把自己知道的"4－1＝1""4－1＝5""4－1＝0""4－1＝4""4－1＝3"都写出来，老师不明所以，在"4－1＝3"后打"√"，其余的都打了"×"。

孩子哭着回家告诉妈妈。妈妈对学校教育开始失望，并向老师提意见。

在幼儿园，老师这样处理是不行的。在小学，老师是不是还鼓励学生"4－1＝1""4－1＝5""4－1＝0""4－1＝4""4－1＝3"的理解方式呢？我以为也不行。在小学里，我们应该给学生一定的确切知识了。因为"4－1＝3"是生活的工具，没有掌握这样的工具，当小孩拿出4元钱买1元钱的糖果，这时该找补多少钱？如果售货员记住的是"4－1＝0"，而购买东西的小孩记住的是"4－1＝5"，这个世界非乱套不可。

这就是我一直所说的各个学段有自己的任务，对同一现象可能有不同的处理方式。

我们再来看一次《从现在开始》的教学片段。

师：谁来说哪些动物轮流做万兽之王，最后谁成了新首领？请你来说说。

生1：猴子。

师：还有吗？

生1：没有。

师：猴子一个人是没法轮流做万兽之王的。（让生1坐下，对生2说）请你来。

生2：猫头鹰和袋鼠和猴子。

师：它们干什么？

生2：轮流当万兽之王。

师：他连说了两个"和"字，"猫头鹰和袋鼠和猴子"，听上去不是很舒服，用一个"和"字就够了，谁会说？（到生3面前）请你来。

生3：猫头鹰、猴子和袋鼠。

师：干什么？

生3：轮流当万兽之王。

师：能不能按照课文中的顺序，谁在前谁在后？谁再来说？（到生4面前）请你来！

生4：猫头鹰和袋鼠……

师：把这个"和"字去掉，猫头鹰……

生4：猫头鹰、袋鼠和猴子。

师：说完整。

生4：轮流当万兽之王。

师：谁能把这句话说完整，连起来说。（到生5面前）你来。

生5：猫头鹰、袋鼠和猴子它们轮流当了万兽之王。

师：最后……

生5：最后猴子成了万兽之王。

师：连说两个万兽之王有点重复，（提示）最后猴子成了……

生5：万兽之王。

师（摇头）：嗯，它们轮流当万兽之王，看老师的板书，最后猴子成了……

生5：最后猴子成了万兽之王。

师（站在学生身后，拥着生5）：看，（用手指点着板书）三个动物轮流当万兽之王，万兽之王等同于新首领，所以我们换一种说法，最后猴子成了……

生5：最后猴子成了万兽之王。

（很多听课的老师都笑了，同学们也笑了，并举手要求回答）

师：嗯，好，来，（对全班同学）别着急，他一定能够说好，我看谁把手放下静静地等待自己的伙伴。（对生5）万兽之王是对的，不着急，猴子的确成了万兽之王，但是这样就连说了两个万兽之王，看好老师在黑板上的板书，我们一起来说，好不好？

师和生5：猫头鹰、袋鼠和猴子它们轮流当了万兽之王……

（师停）

生5：最后猴子成了新首领。

师：表扬他（部分同学鼓掌）。就这样说，他说得非常好，依靠自己的努力把这句话说下来了，全班的小朋友以他为榜样，把这句话自己练说一遍。

全班同学练说：猫头鹰、袋鼠和猴子它们轮流当了万兽之王，最后猴子成了新首领。

说实在话，我拿这段视频原来只是在考虑，教师怎样通过追问和引导，让学生在原有的基础上有改变、有进步，以为这样的改变就是通过适度紧张的智力活动实现的。现在你提出这个问题，我再看一遍，又发现了这样一些可以讨论的问题。

第一，教学是否要寻求一个确定和满意的答案？我想这首先要看是否有一个相对确定的答案。对于没有确定答案的，教师就不要试图以唯一的答案去约束自己。也有这样一个故事：

一位老师上完《坐井观天》后，以"青蛙跳出井底以后"为题要求同学们展开讨论和说话。同学们有的说："青蛙跳出井底以后，看见蓝蓝的天，青青的草，真美呀，它想，我真该早出来。"有的说："青蛙跳出井底以后，河里的小鱼和小虾纷纷游过来和青蛙做朋友。"……这时，一位从农村来的小朋友说："青蛙跳出井底以后，走了几步，又跳回了井里。"全班同学哄堂大笑，笑声中，老师说了一句："我看你真是一只井底之蛙。"

课后，老师要求同学们以"青蛙跳出井底以后"为题目写话，这位小朋友并没有因为老师和同学们的嘲笑而改变自己的看法。他在作文中写道："青蛙跳出井底以后，走了几步，闻到一股刺鼻的农药味，看到几只死青蛙漂在被污染的河水里。又走了几步，听到一声凄厉的惨叫，一只老青蛙已经被农夫叉死了。它想，还是井里安全，于是它又跳回了井里。"这是农村孩子感受到的青蛙的真实生存状态。

老师读完学生的作文，在作文的下面公公正正写下了下面的话："对不起，老师才是井底之蛙。"

这个案例广为流传，以至于一些老师坚信，青蛙跳回井里才是讨论最好的结局。公开课上，老师极力引导学生让"青蛙跳回了井里"，但全班同学都已经体会了这个寓言的真正意义，就是没有想到让青蛙跳回井里……最后，老师气急败坏地说："你们说的都不好，最后这只青蛙要跳回井里。……"

青蛙跳出井口以后会发生什么？这是不应该有唯一答案的，而且也很难找到最好的答案，老师心里只装着自己的理解和答案去引诱学生往自己预先挖好的"坑"里跳，这是我们要反对的。

而有的答案是确定的，比如"4-1=3"，这就需要让学生明白和掌握。就《从现在开始》的故事概括来说，答案可以说并不唯一，但它是有更好、更合理的答案的，老师引导学生去掌握最理想的答案，这是教学实现提升的行为，尊重了文本内在的规定性与约束力，而且在这样的过程中，向同学们渗透了完整地表达、有顺序地表达、不重复地表达的要求，并进行了相应的语言实践，我以为这是合适的。

这就有一个问题，怎样区分确定的答案和开放的答案呢？我以为：对于自然学科，关于结论的教学内容应该大多是确定的，关于获得结论的方法和道路应该是多样的；对于人文学科，有的教学内容确定性大一些，有的教学内容确定性小一些。以语文课为例，对于课文的内容，因为文字和文本有内在的规定性和约束力，可以说确定性是比较大的，比如文章写了什么事情，说了一个什么观点。《哈姆雷特》写了一个什么样的故事，我们是可以有比较确切的认识的。对于文章的意蕴和作者的意图，这是有较大开放性的，因为有的文章作者在故意留白，有的文章作者有难言之隐，加上理解者并不是作者本人，"一千个读者可能有一千个哈姆雷特"，我们很难找到确切的答案。更加开放的是学生对课文的见解，以及如何看待教学内容对自身生活的意义和价值，文本中的观点和经验只是为我们提供了一种参照，对这样的参照我们可以选择理解、接受并付诸实践，也可以仅仅当成生活中的一次经历一笑置之，还可以选择拒绝和批判，我的生活应该由我做主。对于个人的选择，只要不涉及对他人和公共利益的损害，我们就需要理解和尊重。"从哈姆雷特身上，你获得了什么？"对此的回答会有更大的开放性。

  再用一个例子来讨论。指导学生读好课文是阅读教学的一个任务，如何指导呢？标点符号是确定的，逗号停得短一点，句号停得长一点，问号要读出问话的语气，这都是确定的。有提示语的句子要读出提示语的语气和感情，比如"惊讶地问"要读出"惊讶"的语气和感情，这是相对开放的，可以略作指导。带着感情读好一篇文章，或者把"惊讶"的感情读好，好到什么程度？这就是开放的了，不能强求一律了。南宋人蒋捷写过这样一首词："少年听雨歌楼上，红烛昏罗帐。壮年听雨客舟中，江阔云低，断雁叫西风。而今听雨僧庐下，鬓已星星也。悲欢离合总无情，一任阶前，点滴到天明。"同样的雨声，于少年、壮年和老年就有不同的韵味。因为同样的文字于不同的人有不同感受和领悟，所以对学生有感情地阅读就不能要求太高，也不能强求一律，对有感情地阅读的指导和要求也就要适可而止。过分地以自己现有的标准要求学生有感情地阅读，教师可能展示了自己的水平和能力，却可能无意地让一些学生因为难以达到老师的要求而感到难堪。

  第二，对第五位起来回答的同学，老师坚持让他说完整，处理是否合适呢？有的老师认为可以让他坐下，找另外的同学起来回答。我们可以设想，假定重新找另外一位起来，是不是就能达到对生 5 的保护呢？我以为不能。如果在同学们和听课老师的哄笑声中，让另外一个同学来回答，这可能让生 5 有挫折感和失败感，他可能会失去自信心，并在以后选择逃避参与。我相信，授课教师对这位学生是有信心的，对自己的指导也是有信心的，她相信这位学生在自己的帮助下，是能够回答完整的，自己也是能够帮助这位同学获得成功的，这才有她在课堂上的坚持。从客观效果看，她也确实帮助这位同学获得了成功，学生是带着成功感坐下去的。

　　第三，在看到学生一时转不过弯的时候，老师一是用肢体语言传递着关心和爱护，二是采取较为积极的引导策略，最后甚至让学生模仿着说，这也体现了老师的高明所在：一方面是时间有限，不能老在这个问题上拖着；另一方面，又不能让学生带着不成功的挫折感坐下。所以，她采取了搭台阶的方式，让学生模仿着说。

　　当然，也不是没有需要改进的地方，就总体来说还是关注自己要完成的目标多了一些，和一些杰出的老师比较，这位老师关注学生的意识还是淡了一些，完成教学任务的意识还是显得强了一些。不过也可以理解，这毕竟是公开课，授课教师有更大的压力，我们是不能脱离具体的教学情境，用抽象的标准去要求别人尽善尽美的。

　　还有另外一个问题，现场听课教师忍不住哄笑起来了，这一方面是人之常情，另一方面说明我们对学生的同情性的关怀还是做得不够的。

图书在版编目（CIP）数据

幸福教育与理想课堂八讲/陈大伟著. —上海：华东师范大学出版社，2013.6
ISBN 978-7-5675-0851-4

Ⅰ.①幸… Ⅱ.①陈… Ⅲ.①课堂教学—教学研究—文集 Ⅳ.①G424.21-53

中国版本图书馆CIP数据核字（2013）第127968号

大夏书系·教师专业发展
## 幸福教育与理想课堂八讲

| | |
|---|---|
| 著　　者 | 陈大伟 |
| 策划编辑 | 朱永通 |
| 审读编辑 | 杨　坤　卢风保 |
| 封面设计 | 戚开刚 |
| 责任印制 | 殷艳红 |
| 出版发行 | 华东师范大学出版社 |
| 社　　址 | 上海市中山北路3663号　邮编 200062 |
| 网　　址 | www.ecnupress.cm.cn |
| 电　　话 | 021-60821666　行政传真 021-62572105 |
| 客服电话 | 021-62865537 |
| 邮购电话 | 021-62869887　地址　上海市中山北路3663号华东师范大学校内先锋路口 |
| 网　　店 | http://ecnup.taobao.com/ |
| 印 刷 者 | 北京季蜂印刷有限公司 |
| 开　　本 | 700×1000　16开 |
| 印　　张 | 15.5 |
| 字　　数 | 237千字 |
| 版　　次 | 2013年8月第一版 |
| 印　　次 | 2023年9月第九次 |
| 印　　数 | 33101-34100 |
| 书　　号 | ISBN 978-7-5675-0851-4/G·6590 |
| 定　　价 | 49.80元 |
| 出版人 | 朱杰人 |

（如发现本版图书有印订质量问题，请寄回本社市场部调换或电话021-62865537联系）